민족문학선집 ①

한국현대대표시선 I

증보판

민 영·최원식·최두석 편

창비

책 머리에

예로부터 시를 짓는 것보다 시를 아는 것이 어렵고 시를 아는 것보다 시를 뽑는 것이 어렵다고 일러왔다. 시를 뽑는 일의 어려움이 이만큼 큰 것이다. 그럼에도 새로운 시선집을 내는 이유는 무엇인가?

2년 전 월북작가에 대한 대규모의 해금조치가 단행되었다. 그 조치에 즈음해서 월북작가들의 전집 또는 선집이 활발히 간행되고 미궁에 빠진 그들의 삶과 문학을 추적하는 글들이 속속 발표되었다. 그러더니 최근에는 이러한 흥분이 급속히 사그라들었다.

왜 그런가? 우선 이 작가들에 대한 우리의 인식이 매우 낮았다는 점이다. 인식은커녕 기초적인 사실마저 잘못 통용되는 경우가 허다하다. 그들의 삶과 문학의 전모를 밝히는 연구의 진척과 함께 그보다 더욱 중요한 것은 그들의 작품을 엄밀한 비평적 안목으로 읽는 일이다. 해금 이전 그들의 작품은 무슨 요괴처럼 지하로 유통되었다. 지하 유통에는 어쩔 수 없이 밀교적 분위기가 아련하니 그것은 진정한 독서가 아니다.

이에 창작과비평사는 월북작가를 포함한 옹근 의미의 우리나라 대표시선을 계획하고 세 명의 편집위원을 위촉하였다.

편집위원회는 우선 현대시선을 무슨 작품으로부터 시작할 것인가를 토의하였다. 흔히 신체시의 효시로 기존 시선집에서 신주처럼 모시는 최남선의 「해에게서 소년에게」(1906)는 약간의 시사적 의미가 없지 않으나 내용과 형식 양면에서 진정한 현대성을 확보하고 있지 못하다고 판단하여 제외하고, 구한말에 마지막 광망을 뿌렸던 탁월한 한시나 국문시가는 높은 사상성에도 불구하고 봉건적 태반으로부터 완전히

해방된 것은 아니라는 점에서, 주요한의 「불놀이」(1919)에 앞서 3·1 운동 전야의 암울한 정서를 비교적 균제된 자유시의 형식에 담아 노래한 김억의 「봄은 간다」(1918)로 결정하였다.

이로써 현대시선을 국문으로 씌어진 자유시를 대상으로 한다는 원칙이 확정되었다. 다만 이병기·조운 등 시조를 현대시의 수준으로 들어올린 경우는 예외로 하였다.

편집위원회는 대표시선집을 1918년 이후 1980년대까지 대략 세 권 분량으로 하고 첫째 권에는 1918년부터 1950년까지의 대표시를 뽑아 넣기로 하였다.

여기서 북한문학이라는 난감한 문제가 제기되었다. 이 시선이 반쪽이 되지 않으려면 마땅히 북한의 시 작품이 뽑혀져야 하지만 우리에게 공개된 자료는 미비하기 짝이 없는 것이라 부득이 제외하기로 하였다. 하루빨리 북한문학의 전모가 소개되어 북한문학에 대한 비평적 접근이 가능하게 되기를 기원하면서 훗날을 기약함을 통탄하는 바이다.

다음 우리는 대표시 선정의 원칙을 확정하였다. "나라를 걱정하지 아니하는 것은 시가 아니다"라고 선언했던 다산 선생의 말대로, 우리 현대사의 격동 속에서 자신의 온몸으로 시의 세계를 감당했던 시인들을 높이 평가했다. 그렇다고 나라를 걱정하면 무조건 높이었다는 말은 아니다. 높은 사상성은 형식 또는 언어를 통해서, 아니 그것과 부딪치면서 변증법적으로 통일될 때 획득된다는 점을 다시 한번 확인하였다.

우리는 이 점을 대원칙으로 하면서도 다양한 경향의 대표적인 시작품들을 두루 망라하였다. 일체의 전통에 대해 탐욕적 태도를 견지하는 것은 진정한 민족문학의 건설을 과제로 삼는 우리 모두의 명예로운 임무이기 때문이다.

이 원칙 아래 편집위원회는 여러 차례의 토론을 통해서 수록 시인과 작품을 선정하여 우리 시사의 흐름을 한눈에 짚을 수 있도록 대체로 등단시기에 맞춰 1920년대·1930년대·1940년대 —— 3부로 나누어

배열하였다. 그러나 김광섭처럼 일찍이 등단하였더라도 후반의 시가 진정으로 대표적인 경우는 첫째 권에 넣지 않고 둘째 권으로 미루었다.

편집위원회는 시인과 작품을 선정하는 것에 못지않게 원본 확정에 고심하였다. 모든 수록 작품의 원본을 찾아 구두점에 이르기까지 가능한 한 완벽하게 복원히여 원문의 낮을 살리면서 현대 표기법으로 바꾸었다. '종족의 방언'을 순수하게 보존하려고 고투한 점에 유의해 주시기 바란다. 또한 독자들의 편의를 위해 각부마다 해설을 붙였고 책 뒤에 수록 시인들의 간략한 약력을 첨부하였다.

참으로 어려운 작업이었다. 앞으로도 독자 여러분의 질정을 받아 더욱 완벽한 시선이 되도록 끝없이 보완할 것을 약속드리면서, 우리 현대사의 격동의 갈피갈피에서 꽃처럼 피어난 언어의 숲 속에서, 잠시 우리 역사의 순정한 미래가 동트기를 새삼 옷깃을 여미며 기원한다.

1990년 9월 1일
한국현대대표시선 편집위원회

증보판 서문

이 책을 펴낸 지 어느덧 2년이 넘었다. 그동안 이 책에 보여준 독자들의 깊은 관심에 우선 감사드린다. 편집위원회는 이 책에 대한 찬사보다는 비판에 더욱 유념하여 독자와 약속한 대로 증보에 착수하였다.

우리는 먼저 검토의 대상에도 오르지 못한 채 누락된 시인이 없는가에 유의하여, 이번에 권환과 허민을 추가하기로 하였다. 권환의 경우는 지난번에 물론 검토했지만 마땅한 작품을 고르지 못했었다. 솔직히 말해서 카프시대와 해방직후의 그의 작품은 명성에 비해 매우 허술하였던 것이다. 그런데 이시영 시인이 권환의 일제말의 작품에 유의해보라고 권고하였다. 우리는 일제말의 그의 시가 비록 사상적 열정에서 멀어졌다는 한계에도 불구하고 스스로 따뜻한 세계를 이루고 있어 그 가운데 「한역(寒驛)」 1편을 뽑아넣기로 하였다. 허민의 경우는 시집 한권 남기지 못하고 일제말에 요절한 시인이다. 지난번에 생각이 미치지 못한 채 누락된 바, 책이 나온 후 고은 시인이 유감을 표명하였던 터이다. 우리는 허민의 시편들을 세밀히 검토한 후 시선에 충분히 거둘 만한 시인임을 확인하고 「야산로(夜山路)」를 수록하기로 결정하였다.

다음, 우리는 이미 선정된 시인들 가운데 작품을 더 추가해야 할 경우가 없는가 탐색했다. 김억의 경우 민요시 가운데 「여봅소 서관아씨」를 추가하였다. 김억의 민요시는 바로 소월시의 모태이기 때문이다. 그밖에 주요한의 「빗소리」, 이장희의 「들에서」, 김상훈의 「경부선」과 조운의 「고우 죽창(故友竹窓)」을 더했다. 그리고 김소월의 「왕십리」가 빠진 것을 아쉬워하는 견해들을 받아들여 수록시 가운데 「먼 후일」과 「예전엔 미처 몰랐어요」가 유사하여 전자를 빼고 대신 「왕십리」로 교체하였다.

시인 약력을 보완할 수 있게 된 것도 크게 다행스럽다. 월북했다는 사실 이외에 신원이 밝혀지지 않은 박산운은 『통일예술』 창간호(1990)에 그의 시가 실리는 바람에 그의 약력을 알 수 있었고, 상민은 문우서림 김영복씨의 제보로 강원도 원주 출신으로 본명이 정기섭임을 알게 되었고, 최석두의 경우는 윤여탁 교수가 『실천문학』 1991년 여름호에 그의 삶을 처음으로 발굴했으니, 고마운 일이다. 그럼에도 이 시선에 실린 시인 가운데 김광현과 박문서 두 분은 아직도 미궁이다. 뜻있는 독자들의 제보를 안타까이 기다린다. 이밖에 정지용의 출생년도를 바로잡고 이용악의 사망년도를 보완하였다.

시선을 만들면서 원문의 보존에 그토록 유의했음에도 약간의 오식이 발견되었다. 증보판을 내면서 의심스러운 대목들을 원시와 대조하면서 가능한 한 고쳐잡았다.

다시 한번 독자들의 질정을 크게 바라마지않는다.

1992년 12월 27일
한국현대대표시선 편집위원회

8

차   례

제 1 부

제 1 부

억한화운용희순월로진명환양기운훈
요상용사장상소영기동동팔병
김주이한홍이오김변김김김박이조심

■ 해 설

1920년대의 시인과 시

민   영

 1919년 조선민족의 분노가 요원의 불길처럼 타오르던 3·1독립운동의 햇불이 일본 제국주의자들의 무자비한 탄압에 의해서 유린되자, 그 좌절은 우리 민족 모두에게 깊은 절망감과 방향감각의 상실을 안겨주었다. 불에 타 짓밟힌 국토에서 허기진 민초들은 쓰디쓴 무력감에 시달려야 했고, 회의와 불안으로 점철된 식민지 사회의 수탈 분위기는 더 이상 이 땅에서의 삶을 포기하고 새로운 생활 터전을 찾아 유랑의 길을 떠나지 않을 수 없게 만들었다.

 바로 이러한 때에 최초의 문학동인지인 『창조』와 『폐허』가 창간되었으며, 뒤이어 『개벽』(1920), 『장미촌』(1921), 『백조』(1922), 『금성』(1923), 『조선문단』(1924) 등이 발간되어 1920년대 문학의 발표무대를 마련했다.

 이러한 문학의 개화는 일제가 종래의 무단강압정치를 소위 문화정치로 바꾸었기 때문에 가능했지만, 포악한 일제가 더 이상 무단정치를 계속하지 못하고 조선민족에게 적으나마 문화적 돌파구를 허용한 것은 3·1운동으로 대표되는 우리 민족의 항쟁이 그들에게 통치수단의 한계를 일깨워주었기 때문이다. 즉 이것은 우리 민족이 피로써 쟁취한 투쟁의 결과였던 것이다.

 여기서 『폐허』 창간호(1920)에 실린 공초 오상순의 시론 한 구절을 예로 들어 그 시대 문학인들의 심정을 살펴보기로 하자.

조선은 황량한 폐허의 조선이요, 우리 시대는 비통한 번민의 시
대이다. ……폐허 속에는 우리들의 내적 외적 물적 모든 부족, 결
핍, 결함, 공허, 불평, 불만, 울분, 한숨, 걱정, 근심, 슬픔, 아
픔, 눈물, 멸망과 죽음의 제악(諸惡)이 쌓여 있다. 말하자면 이 시
내의 문학자들은 3·1운동이라는 찬란한 석양(夕陽)의 일경(一景)
도 지나고 캄캄한 밤중에 사는 사람들이다.

(오상순, 「시대고(時代苦)와 그 희생」, 1920.7)

＊이상화와 홍사용

이러한 시대에 서구에서 유행하던 세기말적인 퇴폐주의 문학사조가
일본이란 창구를 통해서 들어왔는데, 암울한 시대를 살아가는 조선의
문학인들에게 심정적으로 영합된 면도 없지 않았던 이 외래 문학사조
는 삽시간에 이 땅의 시인들의 가슴에 퇴폐적이고 병적인 낭만주의와
센티멘탈리즘을 감염시켰다. 특히 이러한 병적인 경향은 『폐허』의 창
간 동인으로서 소위 상징시 운동을 주도하던 황석우 같은 시인의 경
우 그 증상이 두드러지게 나타났으며, (황석우에게는 「벽모(碧毛)의
묘(猫)」라는 국적 불명의 상징시가 있다) 전파력이 강한 그 기형적인
증세는 아무런 비평의 여과를 거치지도 않고 무분별하게 만연되었다.

이상화도 이런 증세에 걸린 최초의 시인 가운데 하나였다. 퇴폐주
의의 늪에 빠진 이상화는 1923년 『백조』 3호에 관능적인 애욕의 세계
를 유미적인 수법으로 노래한 「나의 침실로」란 시를 발표했는데, 그
와같은 퇴폐적 낭만 가운데서도 이상화가 이 시를 20년대를 대표하는
명작으로 끌어올릴 수 있었던 것은 시를 꾸미는 그의 예술적인 솜씨
가 타의 추종을 불허할 만큼 뛰어났기 때문이다.

홍사용은 이상화와 같은 『백조』 동인이면서도 퇴폐주의에 감염되지
않은 순수한 서정시인이었다. 향토적인 소재를 민요적인 가락에 실어
서 노래하기도 한 그는 감상에 기운 듯한 색조가 짙었는데, 『백조』 3
호에 발표된 「나는 왕이로소이다」란 작품이 그의 시의 특징을 잘 보

여주고 있다.

> 나는 왕이로소이다 나는 왕이로소이다 어머님의 가장 어여쁜 아
> 들 나는 왕이로소이다 가장 가난한 농군의 아들로서……
> 그러나 十王殿에서도 쫓기어난 눈물의 왕이로소이다
> ──「나는 왕이로소이다」부분

그러나 이 소외된 자의 슬픔은 홍사용 하나만의 것이 아니요 나라
를 잃어버린 피압박 조선 민중 모두의 것이었기에 읽는 이에게 큰 공
감을 안겨준다.

1924년 『금성』 3호에 「실바람 지나간 뒤」외 4편의 시를 게재하며
나타난 이장희는 극도로 연마된 감각적인 이미지를 구사하여 섬세한
서정을 보여준 시인이다. 그의 대표작이라 할 「봄은 고양이로다」란
시도 여기에 발표되었는데, 고양이의 부드러운 털, 호동그란 눈, 입
술, 수염 등을 빌려서 봄의 감각적인 분위기를 예리하게 그려내고 있
다.

박영희는 후에 이 시대의 문학적 분위기를 다음과 같이 회고하였
다.

> 1920년대는 조선의 문단에 온 시의 황금시대라고 할 수 있다.
> ……시가 잘되었건 못되었건 문인이면 시인이 될 만큼 시의 시대였
> 다. 홍사용군은 시인 중에서도 애상의 시인이었다. 이러한 리리시
> 즘 가운데서도 이상화군은 다소 상위(相違)한 것이 있었다. 이군과
> 나는 소위 데까단이즘으로 깊이 빠져들었다. ……이것은 『백조』문
> 학을 이해하는 데 구체적인 자료가 될 것이다.
> (박영희, 「백조 화려한 시대」, 조선일보 1933. 9. 14)

*주요한과 오상순
그러나 퇴폐주의와 감상적 낭만주의가 판을 친 1920년대의 시단에

도 모든 시인들이 다 이 증세에 걸렸던 것은 아니다. 1919년에 나온
『창조』 1호에 발표된 주요한의 시 「불놀이」는 이러한 현실도피적인
퇴폐주의, 허무주의의 늪 속에서도 떨치고 일어나 밝은 미래로 향하
려는 강렬한 소망을 가진 건강한 시인이 있었음을 말해주고 있다.

한국 최초의 산문시로 일컬어지는 이 작품 속에서 주요한은 사랑에
실패한 젊은이의 심징을 빌려 4월 초파일의 관등놀이 풍경의 이미지
를 아름답게 노래하고 있지만, 그 밑바닥에 깔린 것은 나라를 잃은
망국인의 비애와 내일에 대한 희망을 잃지 않으려는 젊음의 몸부림이
었다.

> 아아 날이 저문다, 서편 하늘에, 외로운 강물 우에, 스러져가는
> 분홍빛 놀…… 아아 해가 저물면 해가 저물면, 날마다 살구나무 그
> 늘에 혼자 우는 밤이 또 오건마는, 오늘은 사월이라 파일날 큰 길
> 을 물밀어가는 사람 소리는 듣기만 하여도 흥성시러운 것을 왜 나
> 만 혼자 가슴에 눈물을 참을 수 없는고?
>
> ──「불놀이」 부분

또 『폐허』 동인으로 출발했으나 그 시대의 동인들이 지닌 염세적
경향과 현실도피적 퇴폐주의에 싫증이 난 오상순은 1922년에 「아시아
의 마지막 밤 풍경」을 발표함으로써 그 늪에서 벗어나려는 시도를 했
다. 그는 이 시에서 3·1운동의 좌절로 확산된 시대적인 고뇌를 동양
적인 만유애(萬有愛)로 포용하고 새로운 시대를 창조하려는 철학적인
명상을 노래했는데, 이것은 당시의 우리 민족이 처한 비참한 현실을
너무나 관념적으로 본 현학적인 낙관주의란 비난을 받을 수도 있겠
다.

그러나 이것은 또한 그 시대의 민족의 아픔이 이런 식으로라도 치
유되지 않으면 안될 만큼 심각했다는 반증도 될 것이다.

또 이 무렵 『조선의 마음』(1924)이란 시집을 발간하여 문단에 나온
변영로는 우리말의 순화에 기여한 빼어난 언어감각과 높은 시정신으

로 평가를 받았다.

*김소월과 한용운

이러한 문학적 혼미의 시대에 투철한 시정신과 언어에 대한 자각, 개성적인 시형식을 갖춘 두 사람의 시인이 나타났으니 그들이 바로 김소월과 한용운이다. 퇴폐적 허무주의와 감상적 낭만주의가 아직도 시단의 주류를 이루고 있을 때 조선의 영혼을 조선의 언어로 빚어서 순정한 조선의 시로 승화시키려고 했던 이들의 작업은 그들이 겪은 최초의 고독과는 달리 날이 갈수록 그 빛을 발하게 되었고, 이 시대의 시단이 장인 기질을 지닌 두 시인을 얻게 된 것은 하나의 문학적 축복이라고 하지 않을 수 없다.

김소월은 1918년에 발간된 『태서문예신보』에 창작시와 서구시의 번역을 발표한 김억에게 사사하며 데뷔한 시인인데, 정형률의 민요시를 고수한 스승의 영향을 받아서 그도 전통적인 민족정서를 7·5조의 정형적인 민요 가락에 실어서 노래한 작품들을 선보였다. 그러나 김소월은 스승에게 배운 시형(詩型)에다 자기 나름의 노력으로 시어의 분절법을 시도하여 독자적인 형식을 만들어냈다.

밤이도다
봄이다

밤만도 애달픈데
봄만도 생각인데

날은 빠르다
봄은 간다

———— 김억, 「봄은 간다」 부분

山에는 꽃 피네

꽃이 피네
갈 봄 여름 없이
꽃이 피네

山에
山에
피는 꽃은
저만치 혼자서 피여 있네

———— 김소월, 「산유화」 부분

　위에 든 예만 보아도 같은 정형률이지만 김억의 평범한 시 구성에
비해 소월의 시형이 얼마나 독창적인 것이었는지를 알 수 있을 것이
다. 특히 소월은 당시의 시인들이 서구시의 영향을 받아 도회적 서정
을 노래한 데 비해 끝까지 한국적인 토착정서와 정한의 세계, 자연
등을 노래함으로써 우리의 고전 가사인 「가시리」나 「정읍사」에 맥이
닿는 시세계를 보여주었다.
　한용운의 시집 『님의 침묵』은 김소월의 시집 『진달래꽃』보다 1년
늦게 1926년에 나왔는데, 그는 직업적인 시인이라기보다는 3·1운동
에 앞장서서 싸운 독립투사요 혁명가였고, 또 불교에 귀의한 승려였
다. 『님의 침묵』에 수록된 시편들은 왜경에 체포되어 옥중에서 씌어
진 것이 대부분인데, 그는 이 '님'을 통해서 나라를 잃고 고난에 처한
조국과 민족에 대한 사랑을 노래하고자 했다.

　남들은 자유를 사랑한다지마는 나는 복종을 좋아하야요
　자유를 모르는 것은 아니지만 당신에게는 복종만 하고 싶어요
　복종하고 싶은 데 복종하는 것은 아름다운 자유보다도 달금합니
다 그것이 나의 행복입니다

　그러나 당신이 나더러 다른 사람을 복종하라면 그것만은 복종할

수가 없습니다
　다른 사람을 복종하려면 당신에게 복종할 수가 없는 까닭입니다
　　　　　　　　　　　　　　　　　　　── 「복종」 전문

　이 시에서 노래된 '당신'이 바로 님이다. 그에게는 또 자연을 소재로 하여 쓴 시도 많아서 자연파 시인으로 분류되기도 하지만, 그 자연이 단순한 관조가 아니고 종교적 또는 민족적 존재의 회구 등 내면의 탐구를 중시하고 있기 때문에 '종교적 명상의 시인'(백철)으로도 불린다. 특히 그의 산문체로 된 호흡이 긴 유장한 리듬의 시는 타골의 「기탄잘리」에서 영향을 받은 것이라고 말하지만, 나는 그것을 차라리 불교의식의 게송(偈頌) 낭독에서 찾고 싶다.
　김윤식은 1920년대의 문학을 논하는 글(『한국문학대사전』, 문원각, 1973)에서 소월과 만해의 시를 다음과 같이 평했다.

　　만일 이 시대가 역사의 상승기였더라면 김소월의 이러한 작품은 과거 지향성으로 말미암아 문제의식이 상실될 것이다. 그러나 이 시대 자체가 한민족으로 볼 때는 조선심(朝鮮心)이라는 과거 지향은 잠재적인 에너지로 상접되었기 때문에 그의 시는 후기로 내려올수록 국민시인적인 풍모를 띠어 민족유산 계승의 문제점을 제시한다. 한편 한용운의 시는 '님'이란 상징성 위에 놓인다. 이 '님'이란 이 시대 한민족의 암묵(暗默)상태의 기호(記號)일 수 있다. 그 자신이 승려라는 점과 함께 이 '님'의 상징이 한계 인간성임은 두말할 것 없다. 또한 김소월과 한용운이 함께 시단의 주류에서 동떨어져 있었다는 점도 위의 사실과 결코 무관하지 않다.

　＊프로 문학기의 시인들
　1920년대 후반은 시의 시대라기보다 비평과 소설의 시대였다. 날이 갈수록 심각해지는 식민지 조선의 상황은 표현에 한계가 있는 시로써는 이것들을 다 담아내지 못할 벅찬 시점에 와 있었고, 그러기에 이

제까지 짧은 서정시를 쓰던 시인 중에서도 장편 서사시의 창작에 손을 대거나 아예 소설이나 평론 쪽으로 옮겨가는 현상까지 생겨났다.

소위 프로(프롤레타리아) 문학기라 불리는 이 시기는 계급주의 사상이 도입되어 경향파 시인들이 일어난 때이기도 한데, 이 중에서 「국경의 밤」은 한국 최초의 장편 서사시라는 것과 그 안에 담긴 향토색을 띤 북방적 민족정서가 주목을 끌었다.

> "아하, 무사히 건넜을까,
> 이 한밤에 남편은
> 두만강을 탈없이 건넜을까?
>
> 저리 국경 江岸을 경비하는
> 외투 쓴 검은 순사가
> 왔다 — 갔다 —
> 오르명 내리명 분주히 하는데
> 발각도 안되고 무사히 건넜을까"
> 소곰실이 밀수출 마차를 띄워놓고
> 밤새가며 속태이는 젊은 아낙네
> 물레 젓던 손도 맥이 풀려서
> 파! 하고 붓는 魚油등잔만 바라본다,
> 北國의 겨울밤은 차차 깊어가는데.
>
> ——「국경의 밤」 부분

어느 소설의 한 대목을 압축해놓은 것 같은 정확한 묘사로 이루어진 이 서사시에서 김동환은 두만강을 건너 밀수꾼 노릇을 하는 남편을 둔 아내의 심정을 빌려서 일제의 강압에 짓눌린 민족의 슬픔을 형상화하는 데 성공했다.

그밖에도 이 시기에 활약한 경향파 시인으로는 「백수의 탄식」을 쓴 김기진과 박팔양, 김형원 등이 있으나 이론에 비해 시적 성과는 빈약한 편이었다. 오히려 퇴폐적 낭만주의에 침몰했다가 솟아나온 이상화가 경향파에 가담하여 쓴 「빼앗긴 들에도 봄은 오는가」(1926)가 이 시기를 빛낸 작품이었고, 또 오랫동안 소설을 써오던 『상록수』의 작가 심훈이 「그날이 오면」이란 빼어난 저항시를 씀으로써 그나마 프로 문학기 시인의 체면을 유지해주었다.

김 억

봄은 간다

밤이도다
봄이다

밤만도 애달픈데
봄만도 생각인데

날은 빠르다
봄은 간다

깊은 생각은 아득이는데
저 바람에 새가 슬피 운다

검은 내 떠돈다
종소리 빗긴다

말도 없는 밤의 설움
소리 없는 봄의 가슴

꽃은 떨어진다
님은 탄식한다   <1918년, 태서문예신보>

여봅소 西關아씨

여봅소 西關아씨,
永明寺 모란봉엔
오늘도 넘는 해가 빨갛게 불이 붙소.

西山에 불이 붙고,
東山에 불이 붙고
대동강 복판에도 불빛이 붉소구료.

여봅소 西關아씨,
이내의 열여듧엔
하소연한 心思의, 불길이 타는구료.

<1929년, 『안서시집』>

주 요 한

불 놀 이

아아 날이 저문다, 서편 하늘에, 외로운 강물 우에, 스러져
가는 분홍빛 놀…… 아아 해가 저물면 해가 저물면, 날마다 살
구나무 그늘에 혼자 우는 밤이 또 오건마는, 오늘은 사월이라
파일날 큰 길을 물밀어가는 사람 소리는 듣기만 하여도 흥성시
러운 것을 왜 나만 혼자 가슴에 눈물을 참을 수 없는고?

아아 춤을 춘다, 춤을 춘다, 시뻘건 불덩이가, 춤을 춘다.
잠잠한 성문 우에서 나려다보니, 물냄새 모랫냄새, 밤을 깨물
고 하늘을 깨무는 횃불이 그래도 무엇이 부족하야 제 몸까지
물고 뜯을 때, 혼차서 어두운 가슴 품은 젊은 사람은 과거의
퍼런 꿈을 강물 우에 내어던지나, 무정한 물결이 그 그림자를
멈출 리가 있으랴? ── 아아, 꺾어서 시들지 않는 꽃도 없건
마는, 가신 님 생각에 살아도 죽은 이 마음이야, 에라 모르겠
다, 저 불길로 이 가슴 태와버릴까, 이 설움 살라버릴까 어제
도 아픈 발 끌면서 무덤에 가 보았더니 겨울에는 말랐던 꽃이
어느덧 피었더라마는 사랑의 봄은 또 다시 안 돌아오는가, 차
라리 속 시원히 오늘 밤 이 물 속에…… 그러면 행여나 불쌍히
여겨줄 이나 있을까…… 할 적에 통, 탕, 불꽃을 날리면서 튀
어나는 매화포, 펄떡 정신을 차리니 우구구 떠드는 구경꾼의
소리가 저를 비웃는 듯, 꾸짖는 듯. 아아 좀더 강렬한 정열에

살고 싶다, 저기 저 횃불처럼 엉기는 연기, 숨맥히는 불꽃의
고통 속에서라도 뜨거운 삶을 살고 싶다고 뜻밖에 가슴 두근거
리는 것은 나의 마음……

　사월달 다스한 바람이 강을 넘으면, 清流壁 모란봉 높은 언
덕 우에, 허어옇게 흐늑이는 사람떼, 바람이 와서 불 적마다
불빛에 물든 물결이 미친 웃음을 웃으니, 겁 많은 물고기는 모
래 밑에 들어백이고, 물결치는 뱃숡에는 졸음 오는 리듬의 형
상이 오락가락 —— 어른거리는 그림자, 일어나는 웃음소리, 달
아논 등불 밑에서 목청껏 길게 빼는 어린 기생의 노래, 뜻밖에
정욕을 이끄는 불구경도 이제는 겹고, 한 잔 한 잔 또 한 잔
끝없는 술도 인제는 싫어, 지저분한 배 밑창에 맥없이 누으면
까닭 모르는 눈물은 눈을 데우며, 간단없는 장고소리에 겨운
남자들은 때때로 불 이는 욕심에 못 견디어 번득이는 눈으로
뱃가에 뛰어나가면, 뒤에 남은 죽어가는 촛불은 우그러진 치마
깃 우에 조을 때, 뜻 있는 듯이 찌걱거리는 배젓개 소리는 더
욱 가슴을 누른다……

　아아 강물이 웃는다, 웃는다, 괴상한 웃음이다, 차디찬 강물
이 껌껌한 하늘을 보고 웃는 웃음이다. 아아 배가 올라온다,
배가 오른다, 바람이 불 적마다 슬프게 슬프게 삐걱거리는 배
가 오른다……

　저어라 배를, 멀리서 잠자는 능라도까지, 물살 빠른 대동강
을 저어 오르라. 거기 너의 애인이 맨발로 서서 기다리는 언덕
으로 곧추 너의 뱃머리를 돌리라. 물결 끝에서 일어나는 추운
바람도 무엇이리오, 괴이한 웃음소리도 무엇이리오, 사랑 잃은

청년의 어두운 가슴 속도 너에게야 무엇이리오, 그림자 없이는 밝음도 있을 수 없는 것을. —— 오오 다만 네 확실한 오늘을 놓치지 말라. 오오 사로라, 사로라! 오늘 밤! 너의 발간 횃불을, 발간 입설을, 눈동자를, 또한 너의 발간 눈물을……

<1919년, 창조>

빗 소 리

비가 옵니다.
밤은 고요히 깃을 벌리고
비는 뜰 우에 속색입니다
몰래 지껄이는 병아리같이.

으지러진 달이 실낱 같고
별에서도 봄이 흐를 듯이
따뜻한 바람이 불더니
오늘은 이 어둔 밤을 비가 옵니다.

비가 옵니다.
다정한 손님같이 비가 옵니다.
창을 열고 맞으려 하여도
보이지 않게 속색이며 비가 옵니다.

비가 옵니다

뜰 우에 창밖에 지붕에
남 모를 기쁜 소식을
나의 가슴에 전하는 비가 옵니다.

<1924년, 시집 『아름다운 새벽』>

이 상 화

나의 寢室로

마돈나 지금은 밤도, 모든 목거지에, 다니노라 피곤하야 돌아가려는도다,
아, 너도, 먼동이 트기 전으로 水蜜桃의 네 가슴에, 이슬이 맺도록 달려오너라.

마돈나 오려무나, 네 집에서 눈으로 유전하던 진주는, 다 두고 몸만 오너라,
빨리 가자, 우리는 밝음이 오면, 어딘지도 모르게 숨는 두 별이어라.

마돈나 구석지고도 어둔 마음의 거리에서, 나는 두려워 떨며 기다리노라,
아, 어느덧 첫닭이 울고 —— 뭇 개가 짖도다, 나의 아씨여, 너도 듣느냐.

마돈나 지난 밤이 새도록, 내 손수 닦아둔 침실로 가자, 침실로!
낡은 달은 빠지려는데, 내 귀가 듣는 발자욱 —— 오, 너의 것이냐?

　마돈나 짧은 심지를 더우잡고, 눈물도 없이 하소연하는 내
맘의 촛불을 봐라,
　양털 같은 바람결에도 질식이 되어, 얄푸른 연기로 꺼지려는
도다.

　마돈나 오너라 가자, 앞산 그르매가, 도까비처럼, 발도 없이
가까이 오도다,
　아, 행여나, 누가 볼는지 —— 가슴이 뛰누나, 나의 아씨여,
너를 부른다.

　마돈나 날이 새련다, 빨리 오려무나, 寺院의 쇠북이, 우리를
비웃기 전에
　네 손이 내 목을 안어라, 우리도 이 밤과 같이, 오랜 나라로
가고 말자.

　마돈나 뉘우침과 두려움의 외나무다리 건너 있는 내 침실 열
이도 없느니 !
　아, 바람이 불도다, 그와 같이 가볍게 오려무나, 나의 아씨
여, 네가 오느냐 ?

　마돈나 가엾어라, 나는 미치고 말았는가, 없는 소리를 내 귀
가 들음은 ——
　내 몸에 피란 피 —— 가슴에 샘이, 말라버린 듯, 마음과 목
이 타려는도다.

　마돈나 언젠들 안 갈 수 있으랴, 갈 테면, 우리가 가자, 끄
을려 가지 말고 !

너는 내 말을 믿는 마리아――내 침실이 부활의 동굴임을
네야 알련만……

마돈나 밤이 주는 꿈, 우리가 얽는 꿈, 사람이 안고 궁구는
목숨의 꿈이 다르지 않으니,
아, 어린애 가슴처럼 세월 모르는 나의 침실로 가자, 아름답
고 오랜 거기로.

마돈나 별들의 웃음도 흐려지려 하고, 어둔 밤 물결도 잦아
지려는도다,
아, 안개가 사라지기 전으로, 네가 와야지, 나의 아씨여, 너
를 부른다.

<1923년, 백조>

빼앗긴 들에도 봄은 오는가

지금은 남의 땅――빼앗긴 들에도 봄은 오는가?

나는 온몸에 햇살을 받고
푸른 하늘 푸른 들이 맞붙은 곳으로
가르마 같은 논길을 따라 꿈속을 가듯 걸어만 간다.

입술을 다문 하늘아 들아
내 맘에는 나 혼자 온 것 같지를 않구나

네가 끌었느냐 누가 부르더냐 답답워라 말을 해 다오.

바람은 내 귀에 속삭이며
한 자욱도 섰지 마라 옷자락을 흔들고
종조리는 울타리 너머 아씨같이 구름 뒤에서 반갑다 웃네.

고맙게 잘 자란 보리밭아
간밤 자정이 넘어 내리던 고운 비로
너는 삼단 같은 머리를 감았구나 내 머리조차 가뿐하다.

혼자라도 가쁘게 나가자
마른 논을 안고 도는 착한 도랑이
젖먹이 달래는 노래를 하고 제 혼자 어깨춤만 추고 가네.

나비 제비야 깝치지 마라
맨드라미 들마꽃에도 인사를 해야지
아주까리기름을 바른 이가 지심 매던 그 들이라 다 보고 싶
다.

내 손에 호미를 쥐어 다오.
살진 젖가슴과 같은 부드러운 이 흙을
발목이 시도록 밟어도 보고 좋은 땀조차 흘리고 싶다.

강가에 나온 아해와 같이
짬도 모르고 끝도 없이 닫는 내 혼아
무엇을 찾느냐 어디로 가느냐 웃어웁다 답을 하려무나.

나는 온몸에 풋내를 띠고
푸른 웃음 푸른 설움이 어우러진 사이로
다리를 절며 하루를 걷는다 아마도 봄 신령이 지폈나보다.

그러나 지금은——들을 빼앗겨 봄조차 빼앗기겠네.

<1926년, 개벽>

한 용 운

님의 沈默

   님은 갔습니다 아아 사랑하는 나의 님은 갔습니다

   푸른 산빛을 깨치고 단풍나무 숲을 향하여 난 적은 길을 걸어서 차마 떨치고 갔습니다

   황금의 꽃같이 굳고 빛나던 옛 맹서는 차디찬 티끌이 되어서 한숨의 미풍에 날어갔습니다

   날카로운 첫 키스의 추억은 나의 운명의 지침을 돌려 놓고 뒷걸음쳐서 사라졌습니다

   나는 향기로운 님의 말소리에 귀먹고 꽃다운 님의 얼굴에 눈 멀었습니다

   사랑도 사람의 일이라 만날 때에 미리 떠날 것을 염려하고 경계하지 아니한 것은 아니지만 이별은 뜻밖의 일이 되고 놀란 가슴은 새로운 슬픔에 터집니다

   그러나 이별을 쓸데없는 눈물의 원천을 만들고 마는 것은 스스로 사랑을 깨치는 것인 줄 아는 까닭에 걷잡을 수 없는 슬픔의 힘을 옮겨서 새 희망의 정수박이에 들어부었습니다

   우리는 만날 때에 떠날 것을 염려하는 것과 같이 떠날 때에 다시 만날 것을 믿습니다

   아아 님은 갔지마는 나는 님을 보내지 아니하였습니다

   제 곡조를 못 이기는 사랑의 노래는 님의 침묵을 휩싸고 돕니다

<1926년, 시집 『님의 침묵』>

알 수 없어요

　바람도 없는 공중에 수직의 파문을 내이며 고요히 떨어지는 오동잎은 누구의 발자최입니까

　지리한 장마 끝에 서풍에 몰려가는 무서운 검은 구름의 터진 틈으로 언뜻언뜻 보이는 푸른 하늘은 누구의 얼굴입니까

　꽃도 없는 깊은 나무에 푸른 이끼를 거쳐서 옛 탑 위의 고요한 하늘을 스치는 알 수 없는 향기는 누구의 입김입니까

　근원은 알지도 못할 곳에서 나서 돌부리를 울리고 가늘게 흐르는 작은 시내는 굽이굽이 누구의 노래입니까

　연꽃 같은 발꿈치로 가이없는 바다를 밟고 옥 같은 손으로 끝없는 하늘을 만지면서 떨어지는 해를 곱게 단장하는 저녁놀은 누구의 시입니까

　타고 남은 재가 다시 기름이 됩니다 그칠 줄을 모르고 타는 나의 가슴은 누구의 밤을 지키는 약한 등불입니까

<1926년, 시집 『님의 침묵』>

나룻배와 行人

　나는 나룻배

당신은 行人

당신은 흙발로 나를 짓밟습니다
나는 당신을 안고 물을 건너갑니다
나는 당신을 안으면 깊으나 옅으나 급한 여울이나 건너갑니
다

만일 당신이 아니 오시면 나는 바람을 쐬고 눈비를 맞으며
밤에서 낮까지 당신을 기다리고 있습니다
당신은 물만 건느면 나를 돌아보지도 않고 가십니다그려
그러나 당신이 언제든지 오실 줄만은 알어요
나는 당신을 기다리면서 날마다 날마다 낡어갑니다

나는 나룻배
당신은 行人

<1926년, 시집 『님의 침묵』>

당신을 보았습니다

당신이 가신 뒤로 나는 당신을 잊을 수 없습니다
까닭은 당신을 위하나니보다 나를 위함이 많습니다

나는 갈고 심을 땅이 없으므로 추수가 없습니다
저녁거리가 없어서 조나 감자를 꾸러 이웃집에 갔더니 주인

은 "거지는 인격이 없다 인격이 없는 사람은 생명이 없다 너를 도와주는 것은 죄악이다"고 말하였습니다

　그 말을 듣고 돌아나올 때에 쏟아지는 눈물 속에서 당신을 보았습니다

　나는 집도 없고 다른 까닭을 겸하여 民籍이 없습니다

　"민적이 없는 자는 인권이 없다 인권이 없는 너에게 무슨 정조냐" 하고 능욕하려는 장군이 있었습니다

　그를 항거한 뒤에 남에게 대한 격분이 스스로의 슬픔으로 화하는 찰나에 당신을 보았습니다

　아아 왼갖 윤리, 도덕, 법률은 칼과 황금을 제사지내는 연기인 줄을 알았습니다

　영원의 사랑을 받을까 인간 역사의 첫 페이지에 잉크칠을 할까 술을 마실까 망설일 때에 당신을 보았습니다

<1926년, 시집 『님의 침묵』>

服　　從

　남들은 자유를 사랑한다지마는 나는 복종을 좋아하야요

　자유를 모르는 것은 아니지만 당신에게는 복종만 하고 싶어요

　복종하고 싶은 데 복종하는 것은 아름다운 자유보다도 달금합니다 그것이 나의 행복입니다

그러나 당신이 나더러 다른 사람을 복종하라면 그것만은 복
종할 수가 없습니다

다른 사람을 복종하려면 당신에게 복종할 수가 없는 까닭입
니다

<1926년, 시집 『님의 침묵』>

타골의 詩 GARDENISTO를 읽고

벗이여 나의 벗이여 애인의 무덤 위에 피어 있는 꽃처럼 나
를 울리는 벗이여

적은 새의 자최도 없는 사막의 밤에 문득 만난 님처럼 나를
기쁘게 하는 벗이여

그대는 옛 무덤을 깨치고 하늘까지 사모치는 白骨의 향기입
니다

그대는 花環을 만들랴고 떨어진 꽃을 줏다가 다른 가지에 걸
려서 줏은 꽃을 헤치고 부르는 절망인 희망의 노래입니다

벗이여 깨여진 사랑에 우는 벗이여

눈물이 능히 떨어진 꽃을 옛 가지에 도로 피게 할 수는 없습
니다

눈물을 떨어진 꽃에 뿌리지 말고 꽃나무 밑의 티끌에 뿌리서
요

벗이여 나의 벗이여

　죽음의 향기가 아모리 좋다 하여도 백골의 입설에 입맞출 수
는 없습니다

　그의 무덤을 황금의 노래로 그물 치지 마서요 무덤 위에 피
묻은 깃대를 세우서요

　그러나 죽은 대지가 시인의 노래를 거쳐서 움직이는 것을 봄
바람은 말합니다

　벗이여 부끄럽습니다 나는 그대의 노래를 들을 때에 어떻게
부끄럽고 떨리는지 모르겠습니다

　그것은 내가 나의 님을 떠나서 홀로 그 노래를 듣는 까닭입
니다

<1926년, 시집 『님의 침묵』>

홍 사 용

나는 王이로소이다

나는 왕이로소이다 나는 왕이로소이다 어머님의 가장 어여쁜
아들 나는 왕이로소이다 가장 가난한 농군의 아들로서……
　그러나 十王殿에서도 쫓기어난 눈물의 왕이로소이다

　"맨 처음으로 내가 너에게 준 것은 무엇이냐" 이렇게 어머니
께서 물으시면은
　"맨 처음으로 어머니께 받은 것은 사랑이었지요마는 그것은
눈물이더이다" 하겠나이다 다른 것도 많지요마는……
　"맨 처음으로 네가 나에게 한 말은 무엇이냐" 이렇게 어머니
께서 물으시면은
　"맨 처음으로 어머니께 드린 말씀은 '젖 주셔요' 하는 그 소
리였지요마는 그것은 '으아!' 하는 울음이었나이다" 하겠나이
다 다른 말씀도 많지요마는……

　이것은 노상 왕에게 들리어주신 어머님의 말씀인데요
　왕이 처음으로 이 세상에 올 때에는 어머님의 흘리신 피를
몸에다 휘감고 왔더랍니다
　그 날에 동네의 늙은이와 젊은이들은 모두 "무엇이냐"고 쓸
데없는 물음질로 한창 바쁘게 오고갈 때에도
　어머님께서는 기꺼움보다도 아무 대답도 없이 속아픈 눈물만

흘리셨답니다

 빨가숭이 어린 왕 나도 어머니의 눈물을 따라서 발버둥질치며 '으아' 소리쳐 울더랍니다

 그날 밤도 이렇게 달 있는 밤인데요

 으스름 날이 무리 서고 뒷동산에 부엉이 울음 울던 밤인데요

 어머니께서는 구슬픈 옛이야기를 하시다가요 일없이 한숨을 길게 쉬시며 웃으시는 듯한 얼굴을 얼른 숙이시더이다

 왕은 노상 버릇인 눈물이 나와서 그만 끝까지 섧게 울어버렸소이다 울음의 뜻은 도무지 모르면서도요

 어머니께서 조으실 때에는 왕만 혼자 울었소이다

 어머니의 지우시는 눈물이 젖 먹는 왕의 뺨에 떨어질 때에면 왕도 따라서 시름없이 울었소이다

 열한 살 먹던 해 정월 열나흘 날 밤 맨잿더미로 그림자를 보러 갔을 때인데요 명이나 긴가 짜른가 보려고

 왕의 동무 장난꾼 아이들이 심술스럽게 놀리더이다 모가지 없는 그림자라고요

 왕은 소리쳐 울었소이다 어머니께서 들으시도록 죽을까 겁이 나서요

 나무꾼의 산타령을 따라가다가 건넛산 비탈을 지나가는 상두꾼의 구슬픈 노래를 처음 들었소이다

 그 길로 옹달 우물로 가자면 지름길로 들어서면은 찔레나무 가시덤불에서 처량히 우는 한 마리 파랑새를 보았소이다

 그래 철없는 어린 왕 나는 동무라 하고 쫓아가다가 돌부리에 걸리어 넘어져서 무릎을 비비며 울었소이다

할머니 산소 앞에 꽃 심으러 가던 한식날 아침에
어머니께서는 왕에게 하얀 옷을 입히시더이다
그리고, 귀밑머리를 단단히 땋아주시며
"오늘부터는 아무쪼록 울지 말아라"
아! 그때부터 눈물의 왕은!
어머니 몰래 남 모르게 속 깊이 소리없이 혼자 우는 그것이
버릇이 되었소이다

　누우런 떡갈나무 우거진 산길로 허물어진 烽火둑 앞으로 쫓
긴 이의 노래를 부르며 어슬렁거릴 때에 바위 밑에 돌부처는
모른 체하며 감중련하고 앉았더이다
　아아 뒷동산 장군바위에서 날마다 자고 가는 뜬구름은 얼마
나 많이 왕의 눈물을 싣고 갔는지요

　나는 왕이로소이다 어머니의 외아들 나는 이렇게 왕이로소이
다
　그러나 그러나 눈물의 왕! 이 세상 어느 곳에든지 설움이
있는 땅은 모두 왕의 나라로소이다
<1923년, 백조>

이 장 희

봄은 고양이로다

꽃가루와 같이 부드러운 고양이의 털에
고운 봄의 香氣가 어리우도다

금방울과 같이 호동그란 고양이의 눈에
미친 봄의 불길이 흐르도다

고요히 다물은 고양이의 입술에
포근한 봄 졸음이 떠돌아라

날카롭게 쭉 뻗은 고양이의 수염에
푸른 봄의 生氣가 뛰놀아라

<1924년, 금성>

들 에 서

먼 숲 우를 밟으며
빗발은 지나갔도다

고운 햇빛은 내리부어
풀잎에 물방울 사랑스럽고
종달새 구슬을 굴리듯 노래불러라

들과 하늘은 서로 비최어
푸른빛이 바다를 이루었나니
이 속에 숨쉬는 모든 것의 기쁨이어

홀로 밭길을 거니매
맘은 개고리같이 젖어버리다

<1926년, 신민>

오 상 순

아시아의 마지막 밤 風景
아시아의 眞理는 밤의 眞理이다

아시아는 밤이 지배한다 그리고 밤을 다스린다
밤은 아시아의 마음의 상징이요 아시아는 밤의 실현이다
아시아의 밤은 영원의 밤이다 아시아는 밤의 受胎者이다
밤은 아시아의 산모요 산파이다
아시아는 실로 밤이 낳아준 선물이다
밤은 아시아를 지키는 주인이요 신이다
아시아는 어둠의 검이 다스리는 나라요 세계이다

아시아의 밤은 한없이 깊고 속 모르게 깊다
밤은 아시아의 심장이다 아시아의 심장은 밤에 고동한다
아시아는 밤의 호흡기관이요 밤은 아시아의 호흡이다
밤은 아시아의 눈이다 아시아는 밤을 통해서 一切相을 뚜렷
이 본다
올빼미 모양으로——
밤은 아시아의 귀다 아시아는 밤에 一切音을 듣는다

밤은 아시아의 감각이요 감성이요 성욕이다
아시아는 밤에 萬有愛를 느끼고 님을 포옹한다
밤은 아시아의 식욕이다 아시아의 몸은 밤을 먹고 生生한다
아시아는 밤에 그 영혼의 양식을 구한다 맹수 모양으로—— .

밤은 아시아의 芳醇한 술이다 아시아는 밤에 취해서 노래하
고 춤춘다

밤은 아시아의 마음이요 悟性이요 그 行이다
아시아의 인식도 예지도 신앙도 모두 밤의 실현이요 표현이
다
오— 아시아의 마음은 밤의 마음—— 아시아의 생리 계통과
정신 체계는 실로 아시아의 밤의 신비적 소산인저——

밤은 아시아의 미학이요 종교이다
밤은 아시아의 유일한 사랑이요 자랑이요 보배요 그 영광이
다
밤은 아시아의 영혼의 궁전이요 개성의 터요 성격의 틀이다
밤은 아시아의 가진 무진장의 보고이다 마법사의 마술의 보
고와도 같은——
밤은 곧 아시아요 아시아는 곧 밤이다
아시아의 유구한 생명과 개성과 성격의 역사는 밤의 기록이
오
밤신의 발자취요 밤의 조화요 밤의 생명의 창조적 발전사
——

보라— 아시아의 산하 대지와 물상과 풍물과 인물과 품격과
문화——
유상 무상의 일체상이 밤의 세례를 받지 않는 자 있는가를
——

아시아의 산맥은 아시아의 물의 리듬을 상징하고 아시아의
물의 리듬은 아시아의 밤의 리듬을 상징하고——

아시아의 딸들의 칠빛 같은 머리의 흐름은 아시아의 밤의 그윽한 호흡의 리듬——

한 손으로 지축을 잡아 흔들고 천지를 숨吐하는 아모리 억세고 사나운 아시아의 사나이라도 그 마음 어느 구석인지 슷처니의 머리털괴도 같이 끝모르게 감돌아드는 밤 물결의 흐름 같은 리듬의 곡선은 그윽히 서리어 흐르나니——

그리고 아시아의 아들들의 자기를 팔아 술과 미와 한숨을 사는
호탕한 放遊性도 감당키 어려운 이—— 밤 때문이라 호리라
밤에 취하고 밤을 사랑하고 밤을 질기고 밤을 찬미하고 밤을 숭배하고——밤에 나서 밤에 살고 밤 속에 죽는 것이 아시아의 운명인가

아시아의 침묵과 靜謐과 幽寂과 枯淡과 典雅와 곡선과 여운과 玄晦와 幽影과 後光과 또 滋味, 三昧, 醍醐味—는 아시아의 밤신들의 향연의 교향곡의 악보인저——
오— 숭엄하고 유현하고 신비롭고 不思議한 아시아의 밤이여——

태양은 연소하고 刺激하고 과장하고 오만하고 군림하고 명령한다
그리고 남성적이요 父格이요 적극적이요 공세적이다
따라서 물리적이요 현실적이요 학문적이요 자기중심적이요 투쟁적이요 물체적이요 물질적이다

태양의 아들과 딸은 기승하고 질투하고 싸우고 건설하고 파괴하고 돌진한다

백일하에 자신있게 만유를 분석하고 해부하고 종합하고 통일하고

성할 줄만 알고 쇠하는 줄 모르고 기세좋게 모험하고 제작하고 외치고 몸부림치고 피로한다

차별상에 저회하고 有의 면에 고집한다

여기 뜻 아니한 비극의 배태와 탄생이 있다.

<1922년, 『현대조선문학전집 : 시가집』>

김 소 월

진달래꽃

나 보기가 역겨워
가실 때에는
말없이 고이 보내 드리오리다

寧邊에 藥山
진달래꽃
아름 따다 가실 길에 뿌리오리다

가시는 걸음걸음
놓인 그 꽃을
사뿐히 즈려밟고 가시옵소서

나 보기가 역겨워
가실 때에는
죽어도 아니 눈물 흘리오리다

<1922년, 개벽>

접 동 새

접동
접동
아우래비접동

津頭江 가람가에 살던 누나는
진두강 앞 마을에
와서 웁니다

옛날, 우리나라
먼 뒤쪽의
진두강 가람가에 살던 누나는
의붓어미 시샘에 죽었습니다

누나라고 불러 보랴
오오 불설워
시새움에 몸이 죽은 우리 누나는
죽어서 접동새가 되었습니다

아홉이나 남아 되던 오랩 동생을
죽어서도 못 잊어 차마 못 잊어
夜三更 남 다 자는 밤이 깊으면

이 산 저 산 옮아가며 슬피 웁니다.

<1923년, 배재>

山 有 花

山에는 꽃 피네
꽃이 피네
갈 봄 여름 없이
꽃이 피네

山에
山에
피는 꽃은
저만치 혼자서 피여 있네

山에서 우는 적은 새요
꽃이 좋아
山에서
사노라네

山에는 꽃 지네
꽃이 지네
갈 봄 여름 없이
꽃이 지네   <1925년, 시집 『진달래꽃』>

往 十 里

비가 온다
오누나
오는 비는
올지라도 한 닷새 왔으면 좋지.

여드레 스무날엔
온다고 하고
초하로 朔望이면 간다고 했지.
가도 가도 왕십리 비가 오네.

웬걸, 저 새야
울랴거든
왕십리 건너가서 울어나다고,
비 맞아 나른해서 벌새가 운다.

천안에 삼거리 실버들도
촉촉히 젖어서 늘어졌다데.
비가 와도 한 닷새 왔으면 좋지.
구름도 산마루에 걸려서 운다.

<1925년, 시집 『진달래꽃』>

가는 길

그립다
말을 할까
하니 그리워

그냥 갈까
그래도
다시 더 한 번……

저 山에도 가마귀, 들에 가마귀,
西山에는 해 진다고
지저귑니다.

앞 강물, 뒷 강물,
흐르는 물은
어서 따라오라고 따라가자고
흘러도 연달아 흐릅디다려.

<1925년, 시집 『진달래꽃』>

山

山새도 오리나무
우에서 운다
山새는 왜 우노, 시메山골
嶺 넘어 갈라고 그래서 울지.

눈은 나리네, 와서 덮이네.
오늘도 하룻길
칠팔십 리
돌아서서 육십 리는 가기도 했소.

不歸, 不歸, 다시 不歸,
삼수갑산에 다시 불귀.
사나이 속이라 잊으련만,
십오 년 정분을 못 잊겠네.

山에는 오는 눈, 들에는 녹는 눈.
山새도 오리나무
우에서 운다.
삼수갑산 가는 길은 고개의 길.

<1925년, 시집 『진달래꽃』>

鴛鴦枕

바드득 이를 갈고
죽어 볼까요
창가에 아롱아롱
달이 비친다

눈물은 새우잠의
팔굽 베개요
봄꿩은 잠이 없어
밤에 와 운다

두동달이 베개는
어디 갔는고
언제는 둘이 자던 베개머리에
"죽자 사자" 언약도 하여 보았지.

봄뫼의 멧기슭에
우는 접동도
내 사랑 내 사랑
좋이 울것다.

두동달이 베개는

어디 갔는고
창가에 아롱아롱
달이 비친다.

<1925년, 시집 『진달래꽃』>

招　　魂

산산히 부서진 이름이여!
허공중에 헤여진 이름이여!
불러도 주인 없는 이름이여!
부르다가 내가 죽을 이름이여!

심중에 남아 있는 말 한 마디는
끝끝내 마저 하지 못하였구나.
사랑하던 그 사람이여!
사랑하던 그 사람이여!

붉은 해는 서산마루에 걸리었다.
사슴이의 무리도 슬피 운다.
떨어져 나가 앉은 산 우에서
나는 그대의 이름을 부르노라.

설움에 겹도록 부르노라.
설움에 겹도록 부르노라.

부르는 소리는 비껴가지만
하늘과 땅 사이가 너무 넓구나.

선 채로 이 자리에 돌이 되여도
부르다가 내가 죽을 이름이여!
사랑하던 그 사람이여!
사랑하던 그 사람이여!

<1925년, 시집 『진달래꽃』>

예전엔 미처 몰랐어요

봄 가을 없이 밤마다 돋는 달도
   "예전엔 미처 몰랐어요."

이렇게 사뭇차게 그리울 줄도
   "예전엔 미처 몰랐어요."

달이 암만 밝아도 쳐다볼 줄을
   "예전엔 미처 몰랐어요."

이제금 저 달이 설움인 줄은
   "예전엔 미처 몰랐어요."

<1925년, 시집 『진달래꽃』>

60

옷과 밥과 自由

공중에 떠다니는
저기 저 새요
네 몸에는 털이고 깃이 있지.

밭에는 밭곡석
논에는 물베
눌하게 닉어서 수그러졌네!

楚山 지나 狄踰嶺
넘어선다
짐 실은 저 나귀는 너 왜 넘니?

<1925년, 동아일보>

변 영 로

論　　介

거룩한 분노는
종교보다도 깊고,
불붙는 정열은
사랑보다도 강하다.
　　　아, 강낭콩꽃보다도 더 푸른
　　　그 물결 위에
　　　양귀비꽃보다도 더 붉은
　　　그 마음 흘러라.

아리땁던 그 蛾眉
높게 흔들리우며,
그 석류 속 같은 입설
죽음을 입맞추었네!
　　　아, 강낭콩꽃보다도 더 푸른
　　　그 물결 위에
　　　양귀비꽃보다도 더 붉은
　　　그 마음 흘러라.

흐르는 강물은
길이길이 푸르리니

그대의 꽃다운 혼
어이 아니 붉으랴.
　　　아, 강낭콩꽃보다도 더
　　　푸른 그 물결 위에
　　　양귀비꽃보다도 더 붉은
　　　그 마음 흘러라 !

　　　　　　　　　　　　＜1922년, 신생활＞

김 기 진

白手의 嘆息

카페 의자에 걸터앉아서
희고 흰 팔을 뽐내어가며
브나로드! 라고 떠들고 있는
60년 전의 노서아 청년이 눈앞에 있다……

　　Café Chair Revolutionist
　　너희들의 손이 너무도 희구나!

희고 흰 팔을 뽐내어가며
입으로 말하기는 '브나로드!'
60년 전의 노서아 청년의
헛되인 탄식이 우리에게 있다——

　　Café Chair Revolutionist
　　너희들의 손이 너무도 희구나!

너희들은 白手——
가고자 하는 농민들에게는
되지도 못한 '味覺'이라고는
조금도, 조금도 없다는 말이다.

Café Chair Revolutionist
너희들의 손이 너무 희구나!

아아! 60년 전의 옛날
노서아 청년의 '백수의 탄식'은
미각을 죽이고서 내려가 서고자 하던
전력을 다하던 전력을 다하던 탄식이었다.

Ah! Café Chair Revolutionist
너희들의 손이 너무도 희어!

<1924년, 개벽>

김 동 명

芭　蕉

祖國을 언제 떠났노,
파초의 꿈은 가련하다.

南國을 향한 불타는 향수,
너의 넋은 修女보다도 더욱 외롭구나!

소낙비를 그리는 너는 정열의 여인,
나는 샘물을 길어 네 발등에 붓는다.

이제 밤이 차다,
나는 또 너를 내 머리맡에 있게 하마.

나는 즐겨 너를 위해 종이 되리니,
너의 그 드리운 치맛자락으로 우리의 겨울을 가리우자.

<1936년, 조광>

김 동 환

눈이 내리느니

北國에는 날마다 밤마다 눈이 내리느니
회색 하늘 속으로 흰눈이 퍼부슬 때마다
눈 속에 파묻히는 하아얀 북조선이 보이느니.

가끔 가다가 당나귀 울리는 눈보래가
漠北江 건너로 굵은 모래를 쥐여다가
치위에 얼어 떠는 白衣人의 귓볼을 때리느니.

칩길래 멀리서 오신 손님을
부득이 만류도 못하느니
봄이라고 개나리꽃 보러 온 손님을
눈발귀에 실어 곱게 南國에 돌려보내느니.

白熊이 울고 北狼星이 눈 깜박일 때마다
제비 가는 곳 그립어하는 우리네는
서로 부둥켜안고 赤星을 손가락질하며 얼음벌에서 춤추느니,
모닥불에 비최는 이방인의 새파란 눈알을 보면서
북국은 춥어라, 이 치운 밤에도
강녘에는 밀수입 마차의 지나는 소리 들리느니,
얼음짱 깔리는 소리에 쇠방울 소리 잠겨지면서.

오호, 흰눈이 내리느니 보오얀 흰눈이
北塞로 가는 이사꾼 짐짝 우에
말없이 함박눈이 잘도 내리느니.
<1924년, 시집 『국경의 밤』>

國境의 밤

제 1 부

1

"아하, 무사히 건넜을까,
이 한밤에 남편은
두만강을 탈없이 건넜을까?

저리 국경 江岸을 경비하는
외투 쓴 검은 순사가
왔다 — 갔다 —
오르명 내리명 분주히 하는데
발각도 안되고 무사히 건넜을까"
소곰실이 밀수출 마차를 띄워놓고
밤새가며 속태이는 젊은 아낙네
물레 젓던 손도 맥이 풀려서

파! 하고 붓는 魚油등잔만 바라본다,
北國의 겨울밤은 차차 깊어가는데.

2

어데서 불시에 땅밑으로 울려나오는 듯
"어—이" 하는 날카로운 소리 들린다.
저 서쪽으로 무엇이 오는 군호라도
촌민들이 넋을 잃고 우두두 떨 적에
妻女만은 잽히우는 남편의 소리라고
가슴을 뜯으며 긴 한숨을 쉰다——
눈보래에 늦게 내리는
營林廠 山村실이 筏夫떼 소리언만.

3

마즈막 가는 병자의 부르짖음 같은
애처로운 바람소리에 싸이어
어데서 "땅" 하는 소리 밤하늘을 짼다.
뒤대여 요란한 발자취 소리에
백성들은 또 무슨 변이 났다고 실색하야 숨죽일 때
이 妻女만은 강도 채 못 건넌 채 얻어맞는 사내 일이라고
문비탈을 쓸어안고 흑흑 느껴가며 운다——
겨울에도 한三冬, 별빛에 따라
고기잡이 얼음짱 끊는 소리언만,

4

불이 보인다 새빨간 불빛이
저리 강건너
對岸 벌에서는 순경들의 파수막에서
玉黍짱 태우는 빠알간 불빛이 보인다.
까아맣게 타오르는 모닥불 속에
胡酒에 취한 순경들이
월월월 李太白을 부르면서.

5

아하, 밤이 점점 어두워간다,
국경의 밤이 저 혼자 시름없이 어두워간다.
함박눈조차 다 내뿜은 맑은 하늘엔
별 두어 개 파래져
어미 잃은 소녀의 눈동자같이 깜박거리고
눈보래 심한 강벌에는
외아지 白楊이
혼자 서서 바람을 걷어안고 춤을 춘다,
아지 부러지는 소리조차
이 妻女의 마음을 핫! 핫! 놀래놓으면서 ──

6

전선이 운다, 잉 ─ 잉 ─ 하고
國交하러 가는 전신줄이 몹시도 운다,

집도 白楊도 山谷도 오양간 당나귀도 따라서 운다,
이렇게 춥길래
오늘따라 間島 이사꾼도 별로 없지
얼음짱 깔린 강바닥을
바가지 달아매고 건너는
밤마다 밤마다 외로이 건너는
함경도 이사꾼도 별로 안 보이지,
會寧서는 벌써 마즈막 車고동이 텄는데.

7

봄이 와도 꽃 한 폭 필 줄 모르는
강건너 山川으로서는
바람에 눈보래가 쏠려서
강 한판에
秦始王陵 같은 무덤을 쌓아놓고는
이내 鴈鴨池를 파고 달아난다,
하늘 따 모다 晦暝한 속에 백금 같은 달빛만이
白雪로 오백리, 月光으로 三千里,
두만강의 겨울밤은 춥고도 고요하더라.

<1924년, 시집 『국경의 밤』>

박 팔 양

同　　志

동지를 북쪽으로 떠내보낸 후
나는 그대가 그리워 울었노라
북두칠성 기울어진
겨울 새벽에
나의 베개는
몇 번이나 눈물에 젖었던고 !

북쪽 나라
피로 물들인 거리거리로
목숨과 함께 애쓰며 방황하는 그대의 모양이
생시에도 몇 번 꿈에도 몇 번
나의 머리를 왕래하였었노라

어느 서리 많이 온
이른 겨울날 아침에
검은 까마귀 한 마리
북쪽으로 울고 가더니
며칠이 못되어 그대의 몸이
얼음같이 찬 시체가 되어
그대가 항상 오고자 하던

이 나라로 이 벌판으로
오! 그대는 돌아왔도다!

눈송이 날리는 북국의
피를 피로 바꾸는 마당에서
열정에 떠는 가슴을 안고
그대는 얼마나 수고하였던가

동모여
나는 그대의 棺 우에 놓을
아모 선물도 없노라
그러나 나는 그대의 찬 입술에
"영원한 승리자여!"하고
입 맞추인 후
뜨거운 나의 눈물을 바치겠노라

<1924년, 조선일보>

이 병 기

蘭 草 4

빼어난 가는 잎새 굳은 듯 보드랍고
자짓빛 굵은 대공 하얀한 꽃이 벌고
이슬은 구슬이 되어 마디마디 달렸다

본래 그 마음은 깨끗함을 즐겨 하여
정한 모래 틈에 뿌리를 서려두고
微塵도 가까이 않고 雨露 받어 사느니라

<1939년, 『가람시조집』>

별

바람이 서늘도 하여 뜰앞에 나섰더니
西山 머리에 하늘은 구름을 벗어나고
산듯한 초사흘 달이 별과 함께 나오더라

달은 넘어가고 별만 서로 반짝인다
저 별은 뉘 별이며 내 별 또한 어느 게오

잠자코 호올로 서서 별을 헤어보노라
<1939년, 『가람시조집』>

비

짐을 매어놓고 떠나려 하시는 이날
어둔 새벽부터 시름없이 나리는 비
來日도 나리오소서 連日 두고 오소서

부디 머나먼 길 떠나지 마오시라
날이 저물도록 시름없이 나리는 비
저윽이 말리는 정은 날보다도 더하오

잡었던 그 소매를 뿌리치고 떠나신다
갑자기 꿈을 깨니 반가운 빗소리라
매어둔 짐을 보고는 눈을 도로 감으오
<1939년, 『가람시조집』>

送 別

재너머 두서너 집 호젓한 마을이다

촛불을 다시 혀고 잔 들고 마주 앉아
이야기 끝이 못 나고 밤은 벌써 깊었다

눈이 도로 얼고 山머리 달은 진다
잡아도 뿌리치고 가시는 이 밤의 情이
十里기 못되는 길노 白里도곤 멀어라

<1966년, 『가람문선』>

조 운

상 치 쌈

쥘상치 두 손 받쳐
한입에 욱여 넣다

히뜩

눈이 팔려 욱인 채 내다보니

흩는 꽃 쫓이던 나비
울 너머로 가더라.

<1947년, 『조운시조집』>

부 엉 이

꾀꼬리 사설
두견의 목청
좋은 줄을 누가 몰라

도지개 지내간 후
쪼각달이 걸리면은

나는야
부엉부엉 울어야만
풀어지니 그러지.

<1947년, 『조운시조집』>

故友 竹窓

술은 싫어해도
술자리에도 좋더니라

평생에 두려워 조심하는
동무연만

취하면 그의 무릎에 잠든 적이 많었어.

<1947년, 『조운시조집』>

심   훈

그날이 오면

그날이 오면, 그날이 오면은
삼각산이 일어나 더덩실 춤이라도 추고
한강물이 뒤집혀 용솟음칠 그날이
이 목숨이 끊지기 전에 와주기만 할 양이면,
나는 밤하늘에 날으는 까마귀와 같이
종로의 人磬을 머리로 들이받아 울리오리다,
두개골은 깨어져 산산조각이 나도
기뻐서 죽사오매 오히려 무슨 한이 남으오리까

그날이 와서, 오오 그날이 와서
六曹 앞 넓은 길을 울며 뛰며 뒹굴어도
그래도 넘치는 기쁨에 가슴이 미어질 듯하거든
드는 칼로 이 몸의 가죽이라도 벗겨서
커다란 북을 만들어 들쳐메고는
여러분의 행렬에 앞장을 서오리다,
우렁찬 그 소리를 한 번이라도 듣기만 하면
그 자리에 꺼꾸러져도 눈을 감겠소이다

<1930년, 시집 『그날이 오면』>

제 2 부

▨ 해 설

1930년대의 시인과 시

최　　두　　석

　1930년대의 문학사적 사건으로 먼저 카프의 해산을 거론하는 데 이견을 갖는 사람은 별로 없을 것이다. 형식적으로는 1935년에 해산계를 제출했지만 카프가 집단적 조직운동체로서 실질적인 기능을 상실한 것은 1931년의 검거사건을 겪으면서부터이다. 두루 알려져 있듯이 1930년대는 일제가 만주사변과 중일전쟁 등으로 동북아시아에서 제국주의적 팽창을 꾀하면서 조선에는 독점자본의 진출이 본격화되었던 시기이다. 그리하여 조선의 사회적 상황은 식민지 파쇼체제의 강화와 민족말살정책이라는 일제의 지배정책에 크게 제약당하고 있었는데 카프의 기능 정지는 그 문화적 사례라고 할 수 있을 것이다.

　문학적 전통으로부터 단절된 채 정치시의 처녀지를 개척했던 카프의 시문학적 성과와 한계는 1931년에 조선프롤레타리아예술동맹 문학부 편으로 간행한 『카프시인집』에 집약적으로 드러나 있다. 거기에 수록된 시들은 교술적 구호시 계열의 권환, 안막의 시와 단편서사시 계열의 임화, 박세영, 김창술의 시로 대략 나누어지는데 사회운동의 일환으로 시를 선택한 초창기 시인들의 고민을 여실히 보여준다. 그 시들은 기본적으로 의욕적이고도 의도적인 모색의 산물로서 개인의 내면에 흐르는 정서를 표현한 낭만적 서정시와는 성격이 아주 다르다.

　변혁운동에 복무한다는 생각으로 문학을 선택한 경우 가장 일차적으로 부과되는 과제가 선전선동일 것이고 그에 따른 장르 선택이 교술적 구호시라고 할 수 있겠다. 대중을 변혁운동의 큰 길로 끌어오는 것은 막중한 일이다. 그러한 뜻에서 효과적인 슬로건으로서의 시는 계속 모색될 필요가 있을 터이다. 그렇지만 그들의 교술적 구호시가 대중에게 발휘한 영향력에 대해서는 부정적인 평가를 내릴 수밖에 없다. 당대이 책심꺽인 문세를 십약시켜 구호화하지도 못하고 학습한 수준의 사상을 대중에게 교술하기에 바빴던 그들의 시는 당시의 일시적 효용조차 제대로 감당하지 못한 것으로 보인다.

한편 단편서사시 계열의 시들은 변혁운동에 효과적으로 작용하기 위한 창작방법을 모색했다는 점에서 주목된다. 현실을 형상적으로 그려내기 위하여 이야기의 도입을 시도했던 것인데 그것은 우리의 시문학사에서 리얼리즘의 전통을 세우는 일과 관련된다. 문학작품의 대중적 영향력은 현실의 구조적 진실이 효과적으로 형상화되었을 때 발휘된다는 신념이 초보적 수준에서나마 관철된 것이다. 그렇지만 단편서사시는 서사적 성격과 서정적 성격을 동시에 갖는다는 장르적 불안정성과 카프의 활동 정지를 가져온 사회적 상황의 악화로 충분한 성과를 내지 못한 채 소멸한다.

「네거리의 순이」「우리 오빠와 화로」 등을 씀으로써 단편서사시를 개척한 임화는 카프의 대표적 시인이자 조직운동가이기도 하다. 서기장으로서 조직을 꾸려나가던 그에게 카프의 활동 정지 및 해산은 심각한 정신적 타격을 가했던바 그것은 그의 시가 낭만적 경향으로 바뀌게 된 중요한 이유로 작용한다. 진보적 시인으로서 이상을 포기할 수 없었던 그가 이상과 현실 사이의 요원한 거리를 절감하고서 사회현실에 대한 시적 탐구를 포기한 것은 문학사적 비극을 대변한다고 할 수 있겠다. 민족현실이 잘 드러난 그의 「야행차 속」은 전체적으로 낭만적 성향을 드러낸 시집 『현해탄』에서 예외적인 성취에 해당된다. 단편서사시의 방법을 계승해 저력을 보이던 안용만이 거의 작품을 쓰지 못한 것도 비슷한 맥락에서 이해할 수 있다.

박영희가 "얻은 것은 이데올로기이며 잃은 것은 예술" 운운하면서 전향한 1930년대 중반에 접어들면서 카프의 시인들이 당면했던 과제는 일제 파시즘에 좌절하지 않는 시적 주체를 세우는 문제였다. 민족해방을 실현하고 노동해방을 실현할 저력을 당시의 노동자·농민계급에게서 발견할 수 없었던 그들에게 이것은 중요한 문제일 수밖에 없다. 이러한 주체세우기의 실상을 보여주는 대표적 시들이 임화의 「현해탄」 「바다의 찬가」, 그리고 박세영의 「산제비」라고 할 수 있다. 이들의 주체세우기란 역사의 진보에 대한 신념을 견지하는 것과 연결되는데 그것이 결코 쉬운 일이 아니었다는 점은 비관주의가 짙게 노출된 이찬의 「동절」을 참고할 만하다.

카프의 활동 정지를 가져온 당대의 사회적 상황은 카프에 가담해서 활동했던 시인뿐만 아니라 카프와는 입장을 달리했던 시인들의 창작에도 많은 영향을 끼친다. 한국문학사에서 예술을 위한 예술로서의 순수시의 대명사인 김영랑의 시가 1930년대 초반에 산출된다는 것은 음미할 만한 사실이다. 김영랑의 시세계는 시인이 살아가는 사회와의 관련을 극단적으로 배제시킨 폐쇄적인 것인데 그것은 토착 지주로서의 개인적 한계이기도 하면서 당시의 시대적 제약과도 밀접하게 관련된 것으로 보인다. 아무튼 그의 시는 「동백잎에 빛나는 마음」에서 볼 수 있듯 의미보다도 매끄러운 운율과 세련된 언어로 독자에게 다가오는 서정시인데 나름대로 독보적인 시세계를 개척했다고 볼 수 있다.

김영랑과 함께 시문학파 동인이며 당시의 가장 주목받는 시인이었던 정지용의 경우도 시대적 상황과 결부시켜 검토할 필요가 있을 듯하다. 필자가 보기에 정지용 시의 요체는 유리창 이미지이다. 그의 시의 시적 자아는 대체로 유리창으로 사회현실과 차단된 실내에 있다. 차단된 사회현실은 주로 풍경으로 치환된다. 즉 그의 유리창 이미지는 사회의식을 지우는 문학적 장치이다. 유리창 이미지가 직접적으로 드러난 「유리창 1」이나 「별」 등의 시가 사회의식과 무관한 주제를 다루었다는 것은 우연이 아니다. 그의 신앙시나 기행시도 현실로부터의 도피라는 점에서 유리창 이미지와 관련된다. 정지용이 임화보다 끈질기게 일제말에 시를 발표할 수 있었던 이유는 주로 여기에 있

다. 일제말에 우리말 시로서 격조를 보인 「장수산 1」이나 「백록담」 등
이 빛나는 중요한 까닭은 민족말살정책이 대변하는 당대적 상황의 역
광 때문이다.

정지용은 이미지즘 계열의 모더니즘 시인이다. 그는 일찍이 1920년
대 후반부터 「카페 프랑스」나 「향수」 등의 시에서 이미지즘의 창작기
법을 선보였는데 그것이 문학적 조류를 형성하게 된 것은 김기림이
창작과 비평 양면에서 가세하면서부터이다. 백조파 시의 감정 범람과
카프 시의 내용 편중을 동시에 비판하며 등장한 김기림의 시론은 당
시의 시단에 사상과 감정의 절제로 특징지어지는 주지주의적 작품을
진작시켰는데 김광균의 「설야」나 장만영의 「달·포도·잎사귀」가 이
에 해당된다. 김기림 자신의 경우 실험적인 장시 「기상도」를 거쳐
「바다와 나비」와 같은 세련된 이미지즘 시를 보여준다. 또한 신석정
이나 노천명의 시에서도 이미지즘의 영향을 감지할 수 있다.

역사적 개념으로서의 1930년대 모더니즘은 창작기법의 개발로 창작
의 침체를 타개해 나가려는 데 핵심이 놓인다. 김기림은 모더니즘을
'도회의 아들'이라 했지만 1934년 당시 서울 인구는 38만 정도에 불과
했었다. 즉 자본주의 난숙기라는 사회적 토대가 구축되지 않은 상태
에서 세계관 차원으로 심화되지 못하고 창작기법 차원의 모색에 머물
렀던 것이 이미지즘 계열의 모더니즘 시운동인 셈이다. 이에 비해 다
다이즘이나 초현실주의와 결부되는 이상은 보다 본격적인 모더니스트
라고 할 수 있다. 그의 시적 주제는 합리적 세계에 대한 절망으로 수
렴되는데 그것은 근대 문물에 대한 본격적 비판인 셈이다. 「거울」에
서 볼 수 있는 자의식의 세계 또한 이상 시의 근대적 면모를 보여주
는 것이다. 그의 시세계는 자아와 세계 사이의 변증법적 관련을 처음
부터 부정하고 들어가는 폐쇄적 불모지에 구축되어 있고 이것은 그의
시의 독자성이면서 동시에 한계이다.

이상의 죽음이 상징적으로 보여주듯 모더니즘은 미래에 대한 출구
를 마련할 수 없었다. 인간이 사회적 동물이라는 점에서 주체와 세계
사이의 변증법적 관련을 거부한 모더니즘 시의 한계는 분명하다. 모

더니즘 시에 대해 임화가 인간생활의 문제를 방기하고 기교에 매달리는 기교주의라고 비판한 이유도 유사한 맥락에서 이해할 수 있다. 얼마나 출구가 보이지 않았으면 모더니즘의 대표적 이론가 김기림 자신조차 "영구한 모더니즘이란 듣기만 해도 몸서리치는 말"이라 했겠는가. 이러한 모더니즘 시의 한계는 뒤이어 등장하는 주요 시인들에게 극복의 대상이 될 수밖에 없었는데 이것은 백석, 오장환, 이용악, 서정주, 유치환 등의 시가 더욱 인간적 체취를 풍기는 문학사적 맥락인 셈이다.

백석의 초기시에는 이미지즘의 영향이 나타나지만 그 나름의 독자적인 시세계를 이룩한 것은 이미지즘을 주체적으로 극복했기 때문이라 생각된다. 이미지 위주의 시로 인생사를 제대로 다룰 수 없다는 사실을 절감하고 서사지향의 창작방법을 개척한 것이 백석의 시적 성취를 가져온 것이다. 리얼리즘 시로 주목되는 「여승」이나 「팔원」 등의 시가 서사지향성을 강하게 지닌다는 사실은 유념할 필요가 있을 것이다. 또한 그는 「여우난골족」 등의 시에서 서사지향의 창작방법을 통해 산골 마을을 재현해냈는데 그것은 당대의 정신사적 과제로 부각되었던 고향상실감에 대한 효과적인 대응이었다는 점에서 주목된다. 일제말에 씌어진 「흰 바람벽이 있어」나 「남신의주 유동 박시봉방」과 같은 시도 고향상실감과 결부되어 읽히는 수준 높은 비가이다. 이러한 백석의 시들은 풍물 차원에서 향수를 노래한 노천명의 시보다 본격적인 것이다.

국가가 상실된 시대에 살고 있다는 절박감을 국가상실감이라 한다면 백석의 시에서는 그것이 고향상실감으로 변이되어 나타난다. 그런데 국가상실감에 대한 대응이라는 면에서 백석과 대조적인 시인이 오장환이다. 백석은 급격히 사라져가는 전래적인 것들, 특히 고향을 재현하는 데 심혈을 기울인다면 동시대의 시인 오장환은 오히려 그러한 전래적인 것들을 격렬하게 부정함으로써 자신의 시세계를 구축한다. 농촌공동체가 붕괴되고 전래적인 것들이 급격히 사라져가는 상황에서 전래적인 것들에 더욱 애착을 보인 것이 백석의 경우라면, 결국 국가의 상실을 초래하는 데 일정하게 작용했을 전래적인 관습이나 제도들을 부정하고 보는 것이 오장환의 경우이다.

척박하고도 궁핍한 시대에 오장환의 시세계는 의외로 풍요롭다. 풍요롭다는 것은 예술성이 뛰어나다거나 민족사적 요청에 투철했다는 것과는 다르다. 역사의 탁류 속에 온몸을 잠그고 허우적거린 오장환의 시는 정지용 류의 맑은 시와 좋은 대소를 이루면서 지사적인 이육사의 시와도 명백히 구분된다. 「여수」나 「소야의 노래」에서 볼 수 있듯 그의 시의 시적 자아는 여로에 있는 경우가 많은데 그것은 그의 진보주의적 정신의 편력과 관계된다. 즉 오장환의 시세계는 그의 시적 자아가 온갖 편력을 거쳤다는 점에서 풍요롭다. 오장환의 시적 편력은 다른 시인들이 붓을 던지거나 친일로 돌아선 태평양전쟁 당시에도 꾸준히 지속된다. 그러므로 해방 직후의 상황에 가장 기민하게 대응한 시집 『병든 서울』은 우발적인 산물이 아니다.

오장환이 시적 편력의 과정에서 목도한 민족현실은 「모촌」이나 「북방의 길」에 효과적으로 형상화되어 있다. 그렇지만 이러한 리얼리즘의 성취는 그의 시에서 드문 경우에 해당된다. 한편 1930년대에 리얼리즘의 성취라는 점에서 가장 돋보이는 시인은 이용악이다. 「북쪽」「두만강 너 우리의 강아」「낡은 집」「전라도 가시내」 등의 시들은 민족현실의 탐구라는 점에서 탁월한 절창들이다. 이용악의 시로 하여금 체험이나 현실을 충실하게 드러낼 수 있게 하는 미학적 특성으로는 서사지향성을 들 수 있다. 그런데 그의 시는 서사지향성이 자연스럽게 녹아들어 독특한 호흡률을 형성한다는 점에서 새로운 낭송시의 가능성을 보여준다.

시인이 자라난 지역의 풍토가 시에 반영되는 것은 자연스러운 일이지만 1930년대 후반기 시에서의 토속성 추구는 개성적 시세계 구축의 방법으로까지 부각된 듯하다. 백석의 시에 평안도 산골 마을의 토속성이 살아 있다면 이용악의 시에서는 함경도 지방의 북방정서가 강하게 드러나 있다. 그리고 그 점은 각각의 개성적 시세계를 이루는 데 중요하게 작용한다. 이용악의 시에 유이민(流移民)의 문제가 가장 실감나게 포착될 수 있었던 이유도 간도 이민의 길목이었던 그의 출신 지역과 무관할 수 없을 것이다. 이에 비해 전라도 지역의 토속성을 바탕으로 그 방언을 가다듬어 등장한 시인은 서정주이다.

「화사」에서 드러나듯 서정주의 초기시는 관능적이며 육감적이다. 그것은 식민지에 태어난 청년 시인의 주체할 수 없는 갈등과 연결된다. 그러므로 「자화상」의 첫구절 "애비는 종이었다"는 개인적 차원에 멈추지 않고 일제의 종노릇을 하던 민족 전체를 대변하는 것으로 읽힌다. 그러나 그는 이러한 식민지 시인으로서의 갈등을 제대로 감당해내지 못하고 친일시를 쓰게 된다. 이후 그는 불교나 신라 등에 몰두하면서 다채로운 시적 편력을 수행하지만 그 편력에는 늘 사회적 토대에 대한 인식이 빠져 있다. 한국문학에서 그의 시는 정당한 사회의식이나 역사의식이 결락된 채 정신주의 시가 도달할 수 있는 한 경지를 보여주고 있는 듯하다.

식민지 시인으로서의 갈등과 번민은 유치환의 초기시에도 짙게 나타난다. '자학' '오욕' '증오' 등의 시어가 빈번히 등장하는 것도 이와 관련된다. 그는 이러한 갈등과 번민을 남성적인 의지로 초월하려 하지만 시인 자신이 민족해방운동에 뛰어들지 않은 상태에서의 초월이지란 아무래도 관념의 수준에서 맴돌 수밖에 없다. 즉 유치환의 시가 관념적이고도 사변적인 이유는 사회적 실천이 담보되지 않았기 때문이라고 할 수 있겠다. 유치환의 이러한 면모는 유사하게 남성적인 어조로 시를 쓴 이육사의 경우 그 목소리가 훨씬 활달하게 트여 있는 것과 좋은 대비가 된다. 그 점은 유치환의 「광야에 와서」와 이육사의 「광야」를 비교해 읽어보면 금방 확인될 것이다.

일제의 치안유지법이 정한 테두리를 벗어날 수 없었던 그 시기에 시를 쓰는 행위는 이중의 의미를 지닌다. 민족의 언어를 가다듬는다는 점에서 일제에 대한 저항이면서 동시에 당국의 검열을 통과한다는 점에서 어느 정도 타협이기도 한 것이다. 그러므로 민족해방운동에 투신한 이육사가 문단의 언저리를 떠나게 되는 것은 당연한 일이다. 이육사의 시에 당시의 민족현실이나 생활형상이 구체적으로 나타나

있지는 않다. 하지만 당대에 그의 시만큼 투쟁의 기백이 담겨 있는
시는 찾아볼 수 없다. 몇 편 안되는 이육사의 시가 더욱 소중한 이유
는 여기에 있다.

정 지 용

카페 프랑스

옮겨다 심은 종려나무 밑에
빗두루 슨 장명등,
카페 프랑스에 가자.

이놈은 루바시카
또 한 놈은 보헤미안 넥타이
뻣적 마른 놈이 앞장을 섰다.

밤비는 뱀눈처럼 가는데
페이브먼트에 흐늘기는 불빛
카페 프랑스에 가자.

이놈의 머리는 빗두른 능금
또 한 놈의 심장은 벌레먹은 장미
제비처럼 젖은 놈이 뛰어간다.

              ※

"오오 패롯(鸚鵡) 서방! 굿이브닝!"

"굿이브닝!"(이 친구 어떠하시오?)

鬱金香 아가씨는 이 밤에도
更紗 커―튼 밑에서 조시는구료!

나는 子爵의 아들도 아모것도 아니란다.
남달리 손이 회여서 슬프구나!

나는 나라도 집도 없단다
대리석 테이블에 닿는 내 뺨이 슬프구나!

오오. 異國種 강아지야
내 발을 빨어다오.
내 발을 빨어다오.

<1926년, 학조>

鄕　愁

넓은 벌 동쪽 끝으로
옛이야기 지줄대는 실개천이 회돌아 나가고,
얼룩백이 황소가
해설피 금빛 게으른 울음을 우는 곳,

──그곳이 참하 꿈엔들 잊힐리야.

질화로에 재가 식어지면
뷔인 밭에 밤바람 소리 말을 달리고,
엷은 졸음에 겨운 늙으신 아버지가
짚벼개를 돋아 고이시는 곳,

――그곳이 참하 꿈엔들 잊힐리야.

흙에서 자란 내 마음
파아란 하늘빛이 그립어
함부로 쏜 화살을 찾으려
풀섶 이슬에 함추름 휘적시던 곳,

――그곳이 참하 꿈엔들 잊힐리야.

傳說바다에 춤추는 밤물결 같은
검은 귀밑머리 날리는 어린 누이와
아무렇지도 않고 여쁠 것도 없는
사철 발벗은 안해가
따가운 햇살을 등에 지고 이삭 줍던 곳,

――그곳이 참하 꿈엔들 잊힐리야.

하늘에는 석근 별
알 수도 없는 모래성으로 발을 옮기고,
서리 까마귀 우지짖고 지나가는 초라한 지붕,
흐릿한 불빛에 돌아 앉어 도란도란거리는 곳,

—— 그곳이 참하 꿈엔들 잊힐리야.

<1927년, 조선지광>

琉璃窓 1

유리에 차고 슬픈 것이 어린거린다.
열 없이 붙어서서 입김을 흐리우니
길들은 양 언 날개를 파다거린다.
지우고 보고 지우고 보아도
새까만 밤이 밀려나가고 밀려와 부딪치고,
물먹은 별이, 반짝, 보석처럼 백힌다.
밤에 홀로 유리를 닦는 것은
외로운 황홀한 심사이어니,
고운 페혈관이 찢어진 채로
아아, 늬는 산새처럼 날러갔구나 !

<1930년, 조선지광>

故　　鄕

고향에 고향에 돌아와도

그리던 고향은 아니러뇨.

산꽁이 알을 품고
뻐꾸기 제철에 울건만,

마음은 제 고향 지니지 않고
머언 항구로 떠도는 구름.

오늘도 메끝에 홀로 오르니
흰점 꽃이 인정스레 웃고,

어린 시절에 불던 풀피리 소리 아니 나고
메마른 입술에 쓰디쓰다.

고향에 고향에 돌아와도
그리던 하늘만이 높푸르구나.

<1932년, 동방평론>

별

누워서 보는 별 하나는
진정 멀 ― 고나.

아스름 다치랴는 눈초리와

金실로 잇은 듯 가깝기도 하고,

잠 살포시 깨인 한밤엔
창유리에 붙어서 엿보노나.

불현듯, 솟아나듯
불리울 듯, 맞아들일 듯,

문득, 영혼 안에 외로운 불이
바람처럼 일는 회한에 피여오른다.

흰 자리옷 채로 일어나
가슴 우에 손을 여미다.

<1933년, 카톨릭청년>

長壽山 1

伐木丁丁 이랬거니 아람도리 큰솔이 베혀짐즉도 하이 골이
울어 멩아리 소리 쩌르렁 돌아옴즉도 하이 다람쥐도 좇지 않고
묏새도 울지 않어 깊은산 고요가 차라리 뼈를 저리우는데 눈과
밤이 조히보담 희고녀! 달도 보름을 기달려 흰 뜻은 한밤 이
골을 걸음이랸다? 웃절 중이 여섯 판에 여섯 번 지고 웃고 올
라간 뒤 조찰히 늙은 사나이의 남긴 내음새를 줏는다? 시름은
바람도 일지 않는 고요에 심히 흔들리우노니 오오 견디란다 차

94

고 兀然히 슬픔도 꿈도 없이 장수산 속 겨울 한밤내 ──

<1939년, 문장>

春　雪

문 열자 선뜻!
먼 산이 이마에 차라.

雨水節 들어
바로 초하로 아츰,

새삼스레 눈이 덮인 뫼뿌리와
서늘옵고 빛난 이마받이 하다.

얼음 금가고 바람 새로 따르거니
흰 옷고름 절로 향기롭어라.

옹송그리고 살아난 양이
아아 꿈 같기에 설어라.

미나리 파릇한 새순 돋고
옴짓 아니긔던 고기입이 오물거리는,

꽃 피기 전 철아닌 눈에

핫옷 벗고 도로 칩고 싶어라.

<1939년, 문장>

白 鹿 潭

1

絕頂에 가까울수록 뻐꾹채 꽃키가 점점 消耗된다. 한 마루 오르면 허리가 스러지고 다시 한 마루 우에 목아지가 없고 나중에는 얼골만 갸옷 내다본다. 花紋처럼 版박힌다. 바람이 차기가 함경도 끝과 맞서는 데서 뻐꾹채 키는 아조 없어지고도 八月 한철엔 흩어진 星辰처럼 난만하다. 산그림자 어둑어둑하면 그러지 않아도 뻐꾹채 꽃밭에서 별들이 켜든다. 제자리에서 별이 옮긴다. 나는 여기서 기진했다.

2

巖古蘭, 丸藥같이 어여쁜 열매로 목을 축이고 살어 일어섰다.

3

白樺 옆에서 白樺가 髑髏가 되기까지 산다. 내가 죽어 白樺처럼 힐 것이 숭업지 않다.

4

귀신도 쓸쓸하여 살지 않는 한모롱이, 도체비꽃이 낮에도 혼
자 무서워 파랗게 질린다.

5

바야흐로 해발 육천 척 우에서 마소가 사람을 대수롭게 아니
여기고 산다. 말이 말끼리 소가 소끼리, 망아지가 어미소를 송
아지가 어미말을 따르다가 이내 헤어진다.

6

첫새끼를 낳노라고 암소가 몹시 혼이 났다. 얼결에 산길 백
리를 돌아 서귀포로 달아났다. 물도 마르기 전에 어미를 여읜
송아지는 움매 ─ 움매 ─ 울었다. 말을 보고도 등산객을 보고
도 마고 매여달렸다. 우리 새끼들도 毛色이 다른 어미한틔 맡
길 것을 나는 울었다.

7

풍란이 풍기는 향기, 꾀꼬리 서로 부르는 소리, 제주회파람
새 회파람 부는 소리, 돌에 물이 따로 구르는 소리, 먼데서 바
다가 구길 때 쏴 ─ 쏴 ─ 솔소리, 물푸레 동백 떡갈나무 속에
서 나는 길을 잘못 들었다가 다시 츩넌출 기어간 횐돌바기 고
부랑길로 나섰다. 문득 마조친 아롱점말이 피하지 않는다.

8

　고비 고사리 더덕순 도라지꽃 취 삿갓나물 대풀 石茸 별과
같은 방울을 달은 고산식물을 새기며 취하며 자며 한다. 백록
담 조찰한 물을 그리여 산맥 우에서 짓는 행렬이 구름보다 장
엄하다. 소나기 놋낫 맞으며 무지개에 말리우며 궁둥이에 꽃물
이겨 붙인 채로 살이 붓는다.

9

　가재도 기지 않는 백록담 푸른 물에 하늘이 돈다. 불구에 가
깝도록 고단한 나의 다리를 돌아 소가 갔다. 쫓겨온 실구름 一
抹에도 백록담은 흐리운다. 나의 얼골에 한나잘 포긴 백록담은
쓸쓸하다. 나는 깨다 졸다 기도조차 잊었더니라.

＜1939년, 문장＞

朝　　餐

햇살 피여
이윽한 후,

머흘 머흘
골을 옮기는 구름.

桔梗 꽃봉오리
흔들려 씻기우고.

차돌부리
촉 촉 竹筍 돋듯.

물 소리에
이가 시리다.

앉음새 갈히어
양지쪽에 쪼그리고,

서러운 새 되어
흰 밥알을 쫏다.

<1941년, 문장>

임   화

네거리의 順伊

네가 지금 간다면, 어디를 간단 말이냐?
그러면, 내 사랑하는 젊은 동무,
너, 내 사랑하는 오직 하나뿐인 누이동생 순이,
너의 사랑하는 그 귀중한 사내,
근로하는 모든 여자의 연인……
그 청년인 용감한 사내가 어디서 온단 말이냐?

눈바람 찬 불상한 도시 종로 복판에 순이야!
너와 나는 지나간 꽃 피는 봄에 사랑하는 한 어머니를
눈물나는 가난 속에서 여의었지!
그리하여 너는 이 믿지 못할 얼굴 하얀 오빠를 염려하고,
오빠는 가냘핀 너를 근심하는,
서글프고 가난한 그날 속에서도,
순이야, 너는 마음을 맡길 믿음성 있는 이곳 청년을 가졌었
고,
내 사랑하는 동무는……
청년의 연인 근로하는 여자 너를 가졌었다.

겨울날 찬 눈보라가 유리창에 우는 아픈 그 시절,
기계소리에 말려 흩어지는 우리들의 참새 너희들의 콧노래와

언 눈길을 걷는 발자국 소리와 더불어 가슴 속으로 스며드는
청년과 너의 따듯한 귓속 다정한 웃음으로
우리들의 청춘은 참말로 꽃다웠고,
언 밥이 주림보다도 쓰리게
가난한 청춘을 울리는 날,
어머니가 되어 우리를 따뜻한 품속에 안아주던 것은
오직 하나 거리에서 만나 거리에서 헤어지며,
골목 뒤에서 중얼대고 일터에서 충성되던
꺼질 줄 모르는 청춘의 정열 그것이었다.
비할 데 없는 괴로움 가운데서도
얼마나 큰 즐거움이 우리의 머리 위에 빛났더냐?

그러나 이 가장 귀중한 너 나의 사이에서
한 청년은 대체 어디로 갔느냐?
어찌된 일이냐?
순이야, 이것은……
너도 잘 알고 나도 잘 아는 멀쩡한 사실이 아니냐?
보아라! 어느 누가 참말로 도적놈이냐?
이 눈물나는 가난한 젊은 날이 가진
불상한 즐거움을 노리는 마음하고,
그 조그만 참말로 풍선보다 엷은 숨을 안 깨치려는 간지런
마음하고,
말하여보아라, 이곳에 가득 찬 고마운 젊은이들아!

순이야, 누이야!
근로하는 청년, 용감한 사내의 연인아!
생각해보아라, 오늘은 네 귀중한 청년인 용감한 사내가

젊은 날을 부지런할 일에 보내던 그 여윈 손가락으로
지금은 굳은 벽돌담에다 달력을 그리겠구나!
또 이거 봐라, 어서.
이 사내도 네 커다란 오빠를……
남은 것이라고는 때묻은 넥타이 하나뿐이 아니냐!
오오, 눈보라는 트럭처럼 길거리를 휘몰아간다.

자 좋다, 바로 종로 네거리가 예 아니냐!
어서 너와 나는 번개처럼 두 손을 잡고,
내일을 위하여 저 골목으로 들어가자,
네 사내를 위하여,
또 근로하는 모든 여자의 연인을 위하여……

이것이 너와 나의 행복된 청춘이 아니냐?

〈1929년, 조선지광〉

夜行車 속

사투리는 매우 알아듣기 어렵다.
허지만 젓가락으로 밥을 날러가는 어색한 모양은,
그 까만 얼골과 더불어 몹시 낯익다.

너는 내 방법으로 내어버린 벤또를 먹는구나.

"젓갈이나 걷어 가주올 게지……"
혀를 차는 네 늙은 아버지는
자리가 없어 일어선 채 부채질을 한다.

글쎄 옆에 앉은 점잖은 사람이 수건으로 코를 막는구나.

아직 멀었는가 추풍령은……
그믐밤이라 정거장 푯말도 안 보인다.
답답워라 산인지 들인지 대체 지금 어디를 지내는지?

나으리들뿐이라, 누구한테 엄두를 내어
물을 수도 없구나.

다시 한번 손목시계를 들여다보고 양복쟁이는 모를 말을 지
저귄다.
아마 그 사람들은 모든 것을 다 아나보다.

되놈의 땅으로 농사 가는 줄을 누가 모르나.
面所에서 준 표紙를 보지, 하도 지척도 안 뵈니까 그렇지!

차가 덜컹 소리를 치며 엉덩방아를 찧는다.
필연코 어제 아이들이 돌멩이를 놓고 달아난 게다.

가뜩이나 무거운 짐에 너 그 사이다병은 집어넣어 무얼 할
래.
오호 착해라, 그래도 누이 시집갈 제 기름병을 할라고……

노하지 마라 너의 아버지는 소 같구나.
빠가! 잠결에 기대인 늙은이의 머리를 밀쳐도,
엄마도 아빠도 말이 없이 허리만 굽히니……
오오, 물소리가 들린다 넓고 긴 낙동강에……

대체 어디를 가야 이 밤이 샐까?
얘들아, 서 있는 네 다리가 얼마나 아프겠니?
차는 한창 강가를 달리는지,
물소리가 몹시 정다웁다.
필연코 고향의 강물은 이 꼴을 보고 노했을 게다.

<1935년, 동아일보>

地上의 詩

태초에 말이 있느니라……
인간은 고약한 전통을 가진 동물이다.
행위하지 않는 말,
말을 말하는 말,
이브가 아담에게 따 준 무화과의 비밀은,
실상 지혜의 온갖 수다 속에 있었다.

포만의 이야기로 기아를,
천상의 노래로 지옥의 고통을,
어리석게도 인간은 곧잘 바꾸었었다,

그러나 지상의 빵으로 배부른 사람은
과연 하나도 없었던가?
신성한 지혜여! 광영이 있으라.

온전히 운명이란, 말 이상이다.
단지 사람은 말할 수 있는 운명을 가진 것,
운명을 이야기할 수 있는 말을 가진 것이,
침묵한 행위자인 도야지보다 우월한 점이다.
말을 행위로,
행위를 말로,
자유로 번역할 수 있는 기능,
그것이 시의 최고의 원리.
지상의 시는
지혜의 허위를 깨뜨릴 뿐 아니라,
지혜의 비극을 구한다.
분명히 태초의 행위가 있다……

〈1937년, 풍림〉

玄 海 灘

이 바다 물결은
예부터 높다.

그렇지만 우리 청년들은

두려움보다 용기가 앞섰다,
산불이
어린 사슴들을
거친 들로 내몰은 게다.

대미도를 지내면
한 가닥 수평선 밖엔 티끌 한점 안 보인다.
이곳에 태평양 바다 거센 물결과
남진해온 대륙의 북풍이 마주친다.

몽블랑보다 더 높은 파도,
비와 바람과 안개와 구름과 번개와,
아세아의 하늘엔 별빛마저 흐리고,
가끔 반도엔 붉은 신호등이 내어걸린다.

아무러기로 청년들이
평안이나 행복을 구하여,
이 바다 험한 물결 위에 올랐겠는가?

첫번 항로에 담배를 배우고,
둘째번 항로에 연애를 배우고,
그 다음 항로에 돈맛을 익힌 것은,
하나도 우리 청년이 아니었다.

청년들은 늘
희망을 안고 건너가,
결의를 가지고 돌아왔다.

그들은 느티나무 아래 전설과,
그윽한 시골 냇가 자장가 속에,
장다리 오르듯 자라났다.

그러나 인제
낯선 물과 바람과 빗발에
흰 얼굴은 찌들고,
무거운 임무는
곧은 잔등을 농군처럼 굽혔다.

나는 이 바다 위
꽃잎처럼 흩어진
몇 사람의 가여운 이름을 안다.

어떤 사람은 건너간 채 돌아오지 않았다.
어떤 사람은 돌아오자 죽어갔다.
어떤 사람은 영영 생사도 모른다.
어떤 사람은 아픈 패배에 울었다.
——그중엔 희망과 결의와 자랑을 욕되게도 내어 판 이가
    있다면, 나는 그것을 지금 기억코 싶지는 않다.

오로지
바다보다도 모진
대륙의 삭풍 가운데
한결같이 사내다웁던
모든 청년들의 명예와 더불어
이 바다를 노래하고 싶다.

비록 청춘의 즐거움과 희망을
모두 다 땅속 깊이 파묻는
비통한 매장의 날일지라도,
한번 현해탄은 청년들의 눈앞에,
검은 喪帳을 내린 일은 없었다.

오늘도 또한 나젊은 청년들은
부지런한 아이들처럼
끊임없이 이 바다를 건너가고, 돌아오고,
내일도 또한
현해탄은 청년들의 해협이리라.

영원히 현해탄은 우리들의 해협이다.

삼등 선실 밑 깊은 속
찌든 침상에도 어머니들 눈물이 배었고,
흐린 불빛에도 아버지들 한숨이 어리었다.
어버이를 잃은 어린 아이들의
아프고 쓰린 울음에
대체 어떤 죄가 있었는가?
나는 울음소리를 무찌른
외방 말을 역력히 기억하고 있다.

오오! 현해탄은, 현해탄은,
우리들의 운명과 더불어
영구히 잊을 수 없는 바다이다.

청년들아 !
그대들이 조약돌보다 가볍게
玄海의 큰 물결을 걷어찼다.
그러나 관문해협 저쪽
이른 봄 바람은
과연 반도의 북풍보다 따스로웠는가 ?
정다운 부산 부두 위
대륙의 물결은
정녕 현해탄보다도 얕았는가 ?

오오 ! 어느날
먼먼 앞의 어느날,
우리들의 괴로운 역사와 더불어
그대들의 불행한 생애와 숨은 이름이
커다랗게 기록될 것을 나는 안다.
　一八九〇年代의
　一九二〇年代의
　一九三〇年代의
　一九四〇年代의
　一九××年代의
．．．．．．．．．．．．．．

모든 것이 과거로 돌아간
폐허의 거칠고 큰 비석 위
새벽 별이 그대들의 이름을 비출 때,
현해탄의 물결은
우리들이 어려서

고기떼를 좇던 실내처럼
그대들의 일생을
아름다운 전설 가운데 속삭이리라.

그러나 우리는 아직도
이 바다 높은 물결 위에 있다.

<1938년, 시집 『현해탄』>

바다의 讚歌

장하게
날뛰는 것을 위하여
찬가를 부르자.

바다여
너의 조용한 달밤을랑,
무덤 길에 선
노인들의 추억 속으로,
고시란히 선사하고
푸른 비석 위에
어루만지듯,
미풍을 즐기게 하자.

파도여 !

유쾌하지 않은가 !
하늘은 금시로,
돌멩이를 굴린
살얼음판처럼
뻐개질 듯하고,
장대 같은 빗줄기가
야……
두 발을 구르며,
동동걸음을 치고,
나는
번갯불에
놀라 날치는
고기 뱃바닥의
비늘을 세고

바다야 !
너의
가슴에는
사상이 들었느냐

시인의 입에
마이크 대신
재갈이 물려질 때,
노래하는 열정이
침묵 가운데
최후를 의탁할 때,

바다야 !
너는 몸부림치는
육체의 곡조를
반주해라.

<1937년, 조선일보>

旗발을 내리자

노름꾼과 강도를
잡던 손이
위대한 혁명가의
소매를 쥐려는
욕된 하날에
무슨 깃발이
날리고 있느냐

동포여 !
일제히
깃발을 내리자

가난한 동포의
주머니를 노리는
외국 商館의
늙은 종들이

광목과 통조림의
밀매를 의논하는
廢 王宮의
상표를 위하여
우리는 머리 우에
국기를 날릴
필요가 없다.

동포여
일제히
깃발을 내리자

살인의 자유와
약탈의 神聖이
주야로 방송되는
남부조선
더러운 하날에
무슨 깃발이
날리고 있느냐

동포여
일제히
깃발을 내리자.

<1946년, 현대일보>

권 환

寒 驛

바다 같은 속으로
박쥐처럼 사라지다

기차는 향수를 싣고

납 같은 눈이 소리없이
외로운 驛을 덮다

무덤같이 고요한 대합실
벤치 우에 혼자 앉아
조울고 있는 늙은 할머니

왜 그리도 내 어머니와 같은지?
귤껍질 같은 두 볼이

젊은 驛夫의 외투 자락에서
툭툭 떨어지는 흰 눈

한 송이 두 송이 식은 난로 우에
그림을 그리고 사라진다   <1943년, 시집 『자화상』>

박 세 영

山 제 비

남국에서 왔나,
북국에서 왔나,
산상에도 상상봉,
더 오를 수 없는 곳에 깃들인 제비.

너희야말로 자유의 화신 같고나,
너희 몸을 붙들 자 누구냐,
너희 몸에 아는 체할 자 누구냐,
너희야말로 하늘이 네 것이요, 대지가 네 것 같구나.

녹두만한 눈알로 천하를 내려다보고,
주먹만한 네 몸으로 화살같이 하늘을 꾀어
마술사의 채쭉같이 가로 세로 휘도는 산꼭대기 제비야
너희는 장하고나.

하로 아침 하로 낮을 허덕이고 올라와
천하를 내려다보고 느끼는 나를 웃어다오,
나는 차라리 너희들같이 나래라도 펴보고 싶구나,
한숨에 내닫고 한숨에 솟치어
더 나를 수 없이 신비한 너희같이 돼보고 싶고나.

창들을 꽂은 듯 희디흰 바위에 아침 붉은 햇발이 비칠 제
너희는 그 꼭대기에 앉아 깃을 가다듬을 것이요,
산의 정기가 뭉게뭉게 피어오를 제,
너희는 마음껏 마시고, 마음껏 휘젓거리며 씻을 것이요,
원시림에서 흘러나오는 세상의 비밀을 모조리 들을 것이다.

멧돼지가 붉은 흙을 파헤칠 제
너희는 별에 날러볼 생각을 할 것이요,
갈범이 배를 채우러 약한 짐승을 노리며 어슬렁거릴 제,
너희는 인간의 서글픈 소식을 전하는,
이 나라에서 저 나라로 알려주는
千里鳥일 것이다.
산제비야 날러라,
화살같이 날러라,
구름을 휘젓거리고 안개를 헤쳐라.

땅이 거북등같이 갈라졌다,
날러라 너희들은 날러라,
그리하여 가난한 농민을 위하여
구름을 모아는 못 올까,
날러라 빙빙 가로 세로 솟치고 내닫고,
구름을 꼬리에 달고 오라.
산제비야 날러라,
화살같이 날러라.
구름을 헤치고 안개를 헤쳐라.

<1936년, 낭만>

이   찬

冬   節

하늘은 가없이 푸르고 멀고
봄 아닌 하늘엔 한 개 나는 새의 가벼운 나래도 없고

눈덮인 連山이 젊은 과수처럼 옹조그리고만 앉어
안타까운 날과 날을 바람은 미친 듯 오르락내리락

그 서슬에 집웅이 떨고 나무나무 황철나무도 떨고
양지바른 추녀 밑 청승맞게 턱 괴인 괭이수염도 떨고

스산한 계절 !
말없는 나의 강은 무슨 생각에 잠기었느냐

네 좋아하는 구성진 물방아의 콧노래도 오늘엔 없고
네 즐기는 재롱둥이 애기풀의 고운 춤도 오늘엔 없고

흐르고 흐른 천리 연변
두팔 벌려 반기는 그 고운 꽃바위들의 기억도 다시 찾을 수
      없는 꿈

오늘도 너의 음울한 주거 寥寥한 변두리엔

덧없는 朝夕을 몰아 지나가는 세월의 허허한 跫音만 울려드
  나니

아하 말이 없어도 나는 아노라
孤苦한 너의 가슴 터지려는 너의 가슴

가막까치 우짖는 騷然한 이 저녁
내일날의 봄을 못 믿는 서러운 네 지혜도 나는 아노라.
<1940년, 시집 『망양』>

아오라지 나루

코스모스 우거진 漣川 마을엔
한글 공부 소리 박넝굴보다 더 낭자하고

아오라지 나루는 새 서울의 나루여서
夜半 준령 오십리 길도 멀지 않았다.

나루는 旣望의 달빛이 白砂를 깔고
渺茫한 金盤 우에 銀장기를 두고

나룻배는 한 척인데
서울 손은 천에도 또 몇몇천

기다려도 기다려도 못 건너는 나루에
三七制의 새 소식이 새 소식을 부르니

나루지기 할아버지의 늙은 볼에도 웃음이 돌며
휘연히 아오라지의 긴긴 밤도 밝어오는 것이었다.

<1946년, 우리문학>

김 영 랑

동백잎에 빛나는 마음

내마음의 어딘듯 한편에 끝없는
　강물이 흐르네
도쳐오르는 아침날빛이 뻔질한
　은결을 도도네
가슴엔듯 눈엔듯 또 핏줄엔듯
마음이 도른도른 숨어있는곳
내마음의 어딘듯 한편에 끝없는
　강물이 흐르네

<1930년, 시문학>

四行小曲七首

뵈지도 않는 입김의 가는실마리
새파란 하늘끝에 오름과 같이
대숲의 숨은 마음 기혀 찾으려
삶은 오로지 바늘끝 같이

　　　　　※　※

님두시고 가는길의 애끈한 마음이여
한숨쉬면 꺼질듯한 조매로운 꿈길이여
이밤은 캄캄한 어느뉘 시골인가
이슬같이 고힌눈물을 손끝으로 깨치나니

　　　　　※　※

문허진 성터에 바람이 세나니
가을은 쓸쓸한 맛 뿐이구려
희끗 희끗 산국화 나부끼면서
가을은 애닯다 소색이느뇨

　　　　　※　※

저녁때 저녁때 외로운 마음
붙잡지 못하야 걸어다님을
누구라 불어주신 바람이기로
눈물을 눈물을 빼앗어가오

　　　　　※　※

풀우에 맺어지는 이슬을 본다
눈섭에 아롱지는 눈물을 본다
풀 우엔 정기가 꿈같이 오르고
가슴은 간곡히 입을 버린다

※ ※

푸른향물 흘러버린 어덕우에
내마음 하루살이 나래로다
보실 보실 가을눈이 그나래를 치며
허공의 소색임을 들으라 한다

※ ※

좁은 길가에 무덤이 하나
이슬에 젖이우며 밤을 새인다
나는 사라져 저별이 되오리
뫼아래 누워서 희미한 별을

<1930년, 시문학>

내 마음을 아실 이

내마음을 아실 이
내혼자마음 날같이 아실 이
그래도 어데나 계실것이면

내마음에 때때로 어리우는 티끌과
속임없는 눈물의 간곡한 방울방울

푸른밤 고히맺는 이슬같은 보람을
보밴듯 감추었다 내여드리지

아! 그립다
내혼자마음 날같이 아실 이
꿈에나 아득히 보이는가

향맑은 옥돌에 불이달어
사랑은 타기도 하오련만
불빛에 연긴듯 희미론 마음은
사랑도 모르리 내혼자 마음은

<1931년, 시문학>

모란이 피기까지는

모란이 피기까지는
나는 아즉 나의봄을 기둘리고 있을 테요
모란이 뚝뚝 떨어져버린날
나는 비로소 봄을여흰 서름에 잠길 테요
五月 어느날 그하로 무덥던 날
떨어져 누운 꽃잎마저 시들어버리고는
천지에 모란은 자최도 없어지고
뻐쳐오르던 내 보람 서운케 묻혀졌느니
모란이 지고말면 그뿐 내 한 해는 다 가고말아

三百예순날 한양 섭섭해 우웁내다
모란이 피기까지는
나는 아즉 기둘리고있을테요 찬란한슬픔의 봄을

<1934년, 문학>

杜 鵑

울어 피를뱉고 뱉은피 도루삼켜
평생을 원한과슬픔에 지친 적은새
너는 너른세상에 서름을 피로 새기러오고
네눈물은 수천 세월을 끊임없이 흐려놓았다
여기는 먼南쪽땅 너 쫓겨 숨음직한 외딴곳
달빛 너무도 황홀하여 후젓한 이새벽을
송기한 네울음 천길바다밑 고기를 놀래이고
하늘가 어린별들 버르르 떨리겠고나
몇 해라 이三更에 빙빙 도—는 눈물을
슷지는 못하고 고힌그대로 흘리웠느니
서럽고 외롭고 여윈 이몸은
퍼붓는 네 술잔에 그만 지늘꼈느니
무섬증 드는 이새벽가지 울리는 저승의노래
저기 城밑을 돌아나가는 죽음의 자랑찬소리여
달빛 오히려 마음어둘 저 흰등 흐느껴가신다
오래 시들어 파리한마음 마조 가고지워라

비탄의넋이 붉은마음만 낱낱 시들피나니
짙은봄 옥속 春香이 아니 죽었을라듸야
옛날 王宮을 나신 나히어린 임금이
산골에 홀히 우시다 너를 따라가시었느니
古今島 마조보이는 남쪽바닷가 한많은 귀향길
千里망아지 얼렁소리 쉰듯 멈추고
선비 여윈얼골 푸른물에 띄웠을제
네 恨된울음 죽엄을 호려 불렀으리라
너 아니울어도 이세상 서럽고 쓰린것을
이른봄 수풀이 초록빛들어 풀 내음새 그윽하고
가는 대닢에 초생달 매달려 애틋한 밝은어둠을
너 몹시 안타가워 포실거리며 훗훗 목메었느니
아니 울고는 하마 지고없으리 오! 불행의넋이여
우지진 진달래 와직지우는 이三更의 네 울음
희미한 줄山이 살풋 물러서고
조고만 시골이 흥청 깨여진다.

<1949년, 시집 『영랑시선』>

박 용 철

떠나가는 배

나 두 야 간다
나의 이 젊은 나이를
눈물로야 보낼거냐
나 두 야 가련다

아늑한 이항군들 손쉽게야 버릴거냐
안개같이 물어린 눈에도 비최나니
골잭이마다 발에 익은 묏부리모양
주름살도 눈에 익은 아, 사랑하던 사람들

버리고 가는이도 못 잊는 마음
쫓겨가는 마음인들 무어 다를거냐
돌아다보는 구름에는 바람이 회살짓는다
앞대일 어덕인들 마련이나 있을거냐

나 두 야 가련다
나의 이 젊은 나이를
눈물로야 보낼거냐
나 두 야 간다

<1930년, 시문학>

김 기 림

氣 象 圖

世界의 아침

비눌
돋힌
海峽은
배암의 잔등
처럼 살아났고
아롱진 아라비아의 의상을 둘른 젊은 산맥들.

바람은 바닷가에 사라센의 비단幅처럼 미끄러웁고
傲慢한 풍경은 바로 午前 七時의 절정에 가로누웠다.

헐덕이는 들 우에
늙은 향수를 뿌리는
교당의 녹슬은 종소리.
송아지들은 들로 돌아가려무나.
아가씨는 바다에 밀려가는 輪船을 오늘도 바래보냈다.

국경 가까운 정거장.
車掌의 신호를 재촉하며

발을 구르는 국제 열차.
차창마다
'잘 있거라'를 삼키고 느껴서 우는
마님들의 이즈러진 얼골들.
여객기들은 대륙의 공중에서 티끌처럼 흩어졌다.

본국에서 오는 장거리 라디오의 효과를 실험하기 위하야
쥬네브로 여행하는 신사의 가족들.
산판. 甲板. "안녕히 가세요." "다녀오리다."
船夫들은 그들의 탄식을 汽笛에게 맡기고
자리로 돌아간다.

부두에 달려 팔락이는 오색의 테잎.
그 여자의 머리의 오색의 리본.

傳書鳩들은
선실의 지붕에서
수도로 향하야 떠난다.
······수마트라의 동쪽. ······5킬로의 海上······ 一行 感氣도 없
다.
赤道 가까웁다. ······20일 오전 열 시······

<1935년, 중앙>

바다와 나비

아무도 그에게 水深을 일러준 일이 없기에
흰나비는 도무지 바다가 무섭지 않다

靑무우밭인가 해서 나려갔다가는
어린 날개가 물결에 절어서
공주처럼 지쳐서 돌아온다

삼월달 바다가 꽃이 피지 않아서 서거픈
나비 허리에 새파란 초생달이 시리다

<1939년, 여성>

오늘도 故鄕은

오늘도 고향은 천리요 또 오백리
뜻하지 않은 緯度가 은하로구나

사랑스런 살붙이들
쟁쟁한 목소리 아물거리는 얼골

도시 허위잡을 수 없이
구름만 북으로 밀려가는구나

여러 십년 하로같이 모두들 고대턴 것
눈앞에 어른거리면서도 종내 나사서지 않어
동무와 안타까운 소식 이야기하며 밤을 새우며
목이 말라 가슴이 타 냉수를 켜며
이 달도 손때 밴 字典을 팔아 즐거히 살아가리

<1948년, 시집 『새노래』>

정녕 떠나신다는 말씀

정녕 떠나신다는 말씀
그대 손아귀 돌보다 차구려
이렇게 고약한 세상에선
하로바삐 싸움 속으로 가심이 옳겠지요

거센 밤바람 차오는 들길
여러 갈대밭 돌멩이길 또 구렁챙이
분명 어두운 지역이리다
별이 없이 가기는 어려운 곳이리다

감옥과 내일은 좋은 곳이라 웃음 띄우며
내 손에 남기신 물고기 같은 찬기

인제 갈바람 모여드는 저무는 네거리에
그대 눈과 두 볼이 노을보다 붉구려

어쩌다 만나면 떠내보낼 일 먼저 근심이더니
떠날 적엔 다시 만날 일 앨 써 믿으리다
갈바람에 부쳐서라도 기에 믿으리다

<1948년, 시집 『새노래』>

이   상

烏 瞰 圖

詩 제 1 호

十三人의兒孩가道路로疾走하오.
(길은막다른골목이適當하오.)

第一의兒孩가무섭다고그리오.
第二의兒孩도무섭다고그리오.
第三의兒孩도무섭다고그리오.
第四의兒孩도무섭다고그리오.
第五의兒孩도무섭다고그리오.
第六의兒孩도무섭다고그리오.
第七의兒孩도무섭다고그리오.
第八의兒孩도무섭다고그리오.
第九의兒孩도무섭다고그리오.
第十의兒孩도무섭다고그리오.

第十一의兒孩가무섭다고그리오.
第十二의兒孩도무섭다고그리오.
第十三의兒孩도무섭다고그리오.
十三人의兒孩는무서운兒孩와무서워하는兒孩와그렇게뿐이모였

소. (다른事情은없는것이차라리나았소.)

　그中에一人의兒孩가무서운兒孩라도좋소.
　그中에二人의兒孩가무서운兒孩라도좋소.
　그中에二人의兒孩가무서워하는兒孩라도좋소.
　그中에一人의兒孩가무서워하는兒孩라도좋소.

　(길은뚫린골목이라도適當하오.)
　十三人의兒孩가道路로疾走하지아니하여도좋소.
<1934년,　조선중앙일보>

꽃 나 무

벌판한복판에꽃나무하나가있소近處에는꽃나무가하나도없소. 꽃
나무는제가생각하는꽃나무를熱心으로생각하는것처럼熱心으로꽃
을피워가지고섰소꽃나무는제가생각하는꽃나무에게갈수없소나는
막달아났소한꽃나무를爲하여그러는것처럼나는참그런이상스러운
흉내를내었소.
<1933년,　카톨릭청년>

거 울

거울속에는소리가없소
저렇게까지조용한세상은참없을것이오

거울속에도내게귀가있소
내말을못알아듣는딱한귀가두개나있소

거울속의나는왼손잡이오
내握手를받을줄모르는——握手를모르는왼손잡이오

거울때문에나는거울속의나를만져보지를못하는구려마는
거울아니었던들내가어찌거울속의나를만나보기만이라도했겠소

나는至今거울을안가졌소마는거울속에는늘거울속의내가있소
잘은모르지만외로된事業에골몰할께요

거울속의나는참나와는反對요마는
또꽤닮았소
나는거울속의나를근심하고診察할수없으니퍽섭섭하오

<1933년, 카톨릭청년>

絕　　壁

꽃이보이지않는다. 꽃이香기롭다. 香氣가滿開한다. 나는거기墓穴
을판다. 墓穴도보이지않는다. 보이지않는墓穴속에나는들어앉는
다. 나는눕는다. 또꽃이香기롭다. 꽃은보이지않는다. 香氣가滿開한
다. 나는잊어버리고再처거기墓穴을판다. 墓穴은보이지않는다. 보
이지않는墓穴로나는꽃을깜빡잊어버리고들어간다. 나는정말눕는
다. 아아. 꽃이또香기롭다. 보이지도않는꽃이 —— 보이지도않는꽃
이.

<1936년, 조선일보>

家　　庭

門을암만잡아다녀도안열리는것은안에生活이모자라는까닭이다.
밤이사나운꾸지람으로나를졸른다. 나는우리집내門牌앞에서여간
성가신게아니다. 나는밤속에들어서서제웅처럼자꾸만減해간다. 食
口야封한窓戶어데라도한구석터놓아다고내가收入되어들어가야하
지않나. 지붕에서리가나리고뾰족한데는鍼처럼月光이묻었다. 우리
집이앓나보다그러고누가힘에겨운도장을찍나보다. 壽命을헐어서
典當잡히나보다. 나는그냥門고리에쇠사슬늘어지듯매어달렸다. 門

을열려고안열리는門을열려고.

<1936년, 카톨릭청년>

신 석 정

그 먼 나라를 알으십니까

어머니
당신은 그 먼 나라를 알으십니까?

깊은 삼림지대를 끼고 돌면
고요한 호수에 흰 물새 날고
좁은 들길에 야장미 열매 붉어
멀리 노루새끼 마음놓고 뛰어다니는
아무도 살지 않는 그 먼 나라를 알으십니까?

그 나라에 가실 때에는 부디 잊지 마서요.
나와 같이 그 나라에 가서 비둘기를 키웁시다

어머니
당신은 그 먼 나라를 알으십니까?

산비탈 넌즈시 타고 나려오면
양지밭에 흰 염소 한가히 풀 뜯고
길 솟는 옥수수밭에 해는 저물어 저물어
먼 바다 물소리 구슬피 들려오는
아무도 살지 않는 그 먼 나라를 알으십니까?

어머니 부디 잊지 마서요.
그때 우리는 어린 양을 몰고 돌아옵시다

어머니
당신은 그 먼 나라를 알으십니까?

오월 하늘에 비둘기 멀리 날고
오늘처럼 출출히 비가 나리면
꿩소리도 유난히 한가롭게 들리리다
서리가마귀 높이 날아 산국화 더욱 곱고
노오란 은행잎이 한들한들 푸른 하늘에 날리는
가을이면 어머니 ! 그 나라에서

양지밭 과수원에 꿀벌이 잉잉거릴 때,
나와 함께 고 새빨간 능금을 또옥 똑 따지 않으렵니까?
                          <1952년, 재판본 시집 『촛불』>

꽃 덤 풀

태양을 의논하는 거룩한 이야기는
항상 태양을 등진 곳에서만 비롯하였다.

달빛이 흡사 비오듯 쏟아지는 밤에도

우리는 헐어진 성터를 헤매이면서
언제 참으로 그 언제 우리 하늘에
오롯한 태양을 모시겠느냐고
가슴을 쥐어뜯으며 이야기하며 이야기하며
가슴을 쥐어뜯지 않았느냐?

그러는 동안에 영영 잃어버린 벗도 있다.
그러는 동안에 멀리 떠나버린 벗도 있다.
그러는 동안에 몸을 팔아버린 벗도 있다.
그러는 동안에 맘을 팔아버린 벗도 있다.

그러는 동안에 드디어 서른여섯 해가 지나갔다.

다시 우러러보는 이 하늘에
겨울밤 달이 아직도 차거니
오는 봄엔 분수처럼 쏟아지는 태양을 안고
그 어느 언덕 꽃덤풀에 아늑히 안겨보리라.

<1956년, 시집 『빙하』>

雨水가 지나면

마파람이 불더니만
화약 냄새 묻어 오는
마파람이 불더니만

오늘은
안개 같은 보슬비가
한종일 내린다

비 맞춰 들여온 군자란
꽃대가 밤새 치나 솟아오르고
素心도 자르르 윤이 흐른다

그래 !
지구 한구석엔
전쟁이 홍역보다 진하게 피어도

우수만 지나면
이렇게 날이 풀리는 것을
난 미처 몰랐지……

보슬비 내리는 속을
뉘네 집 새장에선가
백문조가 울고 있다.

<1971년, 주간조선>

유 치 환

깃   발

이것은 소리 없는 아우성.
저 푸른 海原을 향하여 흔드는
영원한 노스탤지어의 손수건.
순정은 물결같이 바람에 나부끼고
오로지 맑고 곧은 이념의 푯대 끝에
애수는 백로처럼 날개를 펴다.
아 ! 누구인가 ?
이렇게 슬프고도 애닯은 마음을
맨 처음 공중에 달 줄을 안 그는.

<1936년, 조선문단>

曠野에 와서

興安嶺 가까운 北邊의
이 광막한 벌판 끝에 와서
죽어도 뉘우치지 않으려는 마음 위에
오늘은 이레째 暗愁의 비 내리고

내 망나니에 본받아
화툿장을 뒤치고
담배를 눌러 꺼도
마음은 속으로 끝없이 울리노니
아아 이는 다시 나를 過失함이러뇨
이미 온갖을 저버리고
사람도 나도 접어주지 않으려는 이 자학의 길에
내 열 번 패망의 인생을 버려도 좋으련만
아아 이 悔悟의 앓임을 어디메 號泣할 곳 없어
말없이 자리를 일어나와 문을 열고 서면
나의 탈주할 사념의 하늘도 보이지 않고
정거장도 이백리 밖
암담한 진창에 갇힌 철벽 같은 절망의 광야!

<1940년, 인문평론>

바   위

내 죽으면 한 개 바위가 되리라
아예 愛憐에 물들지 않고
喜怒에 움직이지 않고
비와 바람에 깎이는 대로
億年 非情의 緘默에
안으로 안으로만 채찍질하여
드디어 생명도 망각하고

흐르는 구름
머언 遠雷
꿈꾸어도 노래하지 않고
두 쪽으로 깨뜨려져도
소리하지 않는 바위가 되리라

<1947년, 시집 『생명의 서』>

春　　信

꽃등인 양 창 앞에 한 그루 피어오른
살구꽃 연분홍 그늘 가지 새로
적은 멧새 하나 찾아와 무심히 놀다 가나니

적막한 겨우내 들녘 끝 어디메서
적은 깃을 얽고 다리 오그리고 지나다가
이 보오얀 봄길을 찾아 문안하여 나왔느뇨

앉았다 떠난 아름다운 그 자리 가지에 餘韻 남아
뉘도 모를 한때를 아쉽게도 한들거리나니
꽃가지 그늘에서 그늘로 이어진 끝없이 작은 길이여

<1947년, 시집 『생명의 서』>

鬱 陵 島

동쪽 먼 深海線 밖의
한점 섬 울릉도로 갈거나

錦繡로 굽이쳐 내리던
長白의 멧부리 방울 뛰어
애달픈 국토의 막내
너의 호젓한 모습이 되었으리니

蒼茫한 물굽이에
금시에 지워질 듯 근심스리 떠 있기에
동해 쪽빛 바람에
항시 사념의 머리 곱게 씻기우고

지나 새나 뭍으로 뭍으로만
향하는 그리운 마음에
쉴새없이 출렁이는 풍랑 따라
밀리어 밀리어 오는 듯도 하건만

멀리 조국의 社稷의
어지러운 소식이 들려올 적마다
어린 마음의 미칠 수 없음이

아아 이렇게도 간절함이여

동쪽 먼 심해선 밖의
한점 섬 울릉도로 갈거나

<1948년, 시집 『울릉도』>

善한 나무

내 언제고 지나치는 길가에 한 그루 남아 선 老松 있어, 바람 있음을 조금도 깨달을 수 없는 날씨에도, 아무렇게나 뻗어 높이 치어든 그 검은 가지는 啾啾히 탄식하듯 울고 있어, 내 항상 그 아래 한때를 머물어 아득히 생각을 그 소리 따라 天涯에 노닐기를 즐겨하였거니, 하룻날 다시 와서 그 나무 이미 무참히도 베어 넘겨졌음을 보았나니.
진실로 現實은 한 그루 나무 그늘을 길가에 세워 바람에 울리느니보다 빠개어 육신의 더움을 취함에 미치지 못하겠거늘, 내 애석하여 그가 섰던 자리에 서서 팔을 높이 허공에 올려보았으나, 그러나 어찌 나의 손바닥에 그 幽玄한 솔바람 소리 생길 리 있으랴.
그러나 나의 머리 위, 저 渺漠한 天空에 시방도 오고 가는 神韻이 없음이 아닐지니, 오직 그를 증거할 선한 나무 없음이 안타까울 따름이로다.

<1953년, 시집 『예루살렘의 닭』>

뉘가 이 旗를 들어
높이 펴득이게 할 것이냐

들거라
진실로 시방 이때이다.
이날을 놓친다면
만 번을 뉘우쳐 죽더라도 미치지 못하리니.

보라
이웃이 이웃을 믿지 않고
형제가 형제를 죽이매
물로 가면 목메어 목메어 우는 여울물소리
들로 가면 솔바람 통곡소리
그러나 이제는
여울도 마르고
산천에 초목도 다 마르고
짐승마저 깃을 거둬 자취를 감추거늘
나라도 인류도 이대로 망할까보냐.

시방 이때이다.
슬픔에 죽어가는 형제를 붙들어 일으키고
악한 자는 눈물로서 마음 돌이켜
이웃과 이웃

사람과 사람이 日月처럼 의지할 때는 이때어니.
그렇지 아니한들
강퍅한 자여 너희도
겨울 동산에 홀로 남은 이리처럼 고독히 죽고
새벽 하늘에 별빛 쓰러지듯
쓰러진 나라 위에 다시 나라가 쓰러지고
드디어 인류는 속절없이 멸망하리니.

진실로 시방 이때이다.
이 모질고 슬픈 인류의 마음을
햇빛같이 깨우칠 旗를
높이 높이 들어 퍼득일 때는.

<1954년, 시집 『청마시집』>

조 벽 암

鄕　愁

해만 저물면 바닷물처럼 짭조름이 저린 향수
오늘도 나그네의 외로움을 차창에 맡기고

언제든 갓 떨어진 풋송아지 모양으로
안타까이 못 잊는 향수를 반추하며

인윽히 살어둠 깃들인 안개 마을이면
따스한 보금자리 그리워 포드득 날러들고 싶어라

<1938년, 시집 『향수』>

家　史

아베는 두더지 닮아
어느 때는 금점판
어느 때는 절간
어느 때는 일터로
어느 때는 감옥

두루두루
돌아다닌다는 소문

집안은 나날이 파뿌리같이 문드러져
일가붙이 하나 돌보지 않고

어메는 적수공권
어느 때는 바느질 품
어느 때는 바비아치
어느 때는 방물장사
두루두루
천덕꾸이

소박데기라 비웃는 소리
못생겼다 꾀우는 소리

그러나
청실 홍실 늘인
붉은 밀초 녹아 나리던 밤
새 명주 이불 냄새가
역겨워 풍기던 날 밤
정이 든 듯 만 듯
한사코
그 밤을 지켜온 마음

철없을 적에
얻은 듯

열쩍게 낳은
도토리 같은 남매
기어이 길러놀 결심

어느 때는 아베를 무척 원망도 했고
어느 때는 아베를 도리어 고맙게도 여기고

길가 조악돌 모양
제멋대로 뒹굴며 커가는
어느 날 저녁
입은 채로 누워 자는
아들과 딸의 볼 우에
넌지시 얹는 어메의 입가엔
오래 잊었던 웃음이 솟다간
불현듯 솟구쳐
창 모슬에 걸친 달빛을 붙잡고
곰곰이 떠오르는 생각
접동새는 왜 그리 구슬피도 울고 가는가
눈시울은 시룩시룩
혼자 서러웠다.

이렇도록
무럭무럭 커가는 딸 아들
탐탁하기 그지없어
아베는 영영
잊어버리고도 살 것만 같았던 때
하늘이 무너지고

땅이 꺼지는 듯
아들은 징병으로
딸은 징용으로

뻔질뻔질 놀고만 있는
면장집 딸과
술도갓집 아들은
고스란히 그대로 두고

고생살이에 쪼들려 큰
어메와 불쌍한 아들은
붙들려가
남쪽으로 갔다기도 하고
북쪽으로 갔다기도 하고

천덕구니로 큰
어메의 가여운 딸은
끌리어가
서울로 갔다기도 하고
만주로 갔다기도 하고

아— 이 어찌 된 셈인지 몰라
어메는 미친 듯 울었고
어메는 죽을 듯 몸부림치고

그러나 결코 죽지 않으려니 하는 신념과
꼭 살아 돌아오려니 하는 기다림과

어메는 왼밤을 고스란히 새며
정화수 떠 놓고
촛불 켜 놓고
합장 재배
비옵는 축원
여름이라 한가위
八月에도 보름날

어메는 영문도 모르고
좋다 말아 울었소
덩달아 손들어 만세를 불렀소

이런 소문 저런 소문이
홍수 모양 사뭇 밀려오던 며칠 후
딸은 하이얀 얼굴로 돌아왔고
또 며칠이 지난 후
아들은 우리 군대에 있다는 소문
또 며칠 후에는
아베는 연해주에 있다는 소문

어메는 꿈인가 했소
어메는 생시인가 했소
어디서 막혔다 쏟아지는지
뜨거운 눈물이 연신 흐르고
어디에 갇혔다 나오는지
웃음은 주책도 없이 자꾸 웃겨지고

웃으며 울으며
울으며 웃으며
어메는 덩실덩실 춤이라도 추고 싶었소

이제껏 싫어했던 사람이 친절한 척하고
이제껏 무시하던 구장이 다 찾아오고
이제껏 푸대접하던 일가가 알은 척하고

그러나 새삼스리 칭송하고
어연듯이 위해 주는 것도 물리치고
맑은 창공을
우두머니 쳐다보는
어메의 눈동자는 별같이 반득였소

아베가 돌아올 제까지
아들이 돌아올 제까지
땟국 묻은 행주치마 바람으로 기다렸다가는
눈에는 함껏 더운 눈물을 짓고
입에는 함껏 웃음을 띠곤
천연듯이 맞이려 했소

오늘이라 섣달 그믐께
정화수 떠 놓고
촛불 켜 놓고
합장 재배
아베와 아들을 축원하는 가는 목소리   〈1948년, 시집 『지열』〉

임 학 수

秋風嶺에 올라 北方을 바라며

그렇다, 길은 멀고
해 이미 저물었다.
적은 것아, 어느덧 가을
날씨마저 험하구나.
아, 올빼미 老松에 울고
野草 흔들거리는 곳,
나와 함께 嶺 우에 올라
돌 난간에 오독 서
바라라 다시 한 번
내 막대기의 가리키는 방향을 ——
바람 표표히
구름은 줄달음쳐
滿山의 가을 소리……
저 시끄러운 北天을 ——
그리고 생각하라,
동이건 서건 씩씩하게건 비겁하게건
이제는 너 스스로
이 광막한 천지에
너의 나아갈 길을 찾아야 할 것을!
連山과 저 아득한 雲烟을 헤치고

이제는 너 호올로
너의 갈 바를
재촉하여야 할 것을 !

<1940년, 문장>

이 육 사

黃　昏

내 골방의 커텐을 걷고
정성된 마음으로 황혼을 맞아들이노니
바다의 흰 갈매기들같이도
인간은 얼마나 외로운 것이냐

황혼아 네 부드러운 손을 힘껏 내밀라
내 뜨거운 입술을 맘대로 맞추어보련다
그리고 네 품안에 안긴 모든 것에
나의 입술을 보내게 해다오

저 십이성좌의 반짝이는 별들에게도
종소리 저문 삼림 속 그윽한 수녀들에게도
시멘트 장판 우 그 많은 囚人들에게도
의지가지없는 그들의 심장이 얼마나 떨고 있는가

고비사막을 걸어가는 낙타 탄 행상대에게나
아프리카 녹음 속 활 쏘는 토인들에게라도
황혼아 네 부드러운 품안에 안기는 동안이라도
지구의 반쪽만을 나의 타는 입술에 맡겨다오

내 오월의 골방이 아늑도 하니
황혼아 내일도 또 저 푸른 커텐을 걷게 하겠지
암암히 사라지긴 시냇물 소리 같아서
한번 식어지면 다시는 돌아올 줄 모르나보다

<1933년, 신조선>

靑 葡 萄

내 고장 칠월은
청포도가 익어가는 시절

이 마을 전설이 주저리주저리 열리고
먼데 하늘이 꿈꾸며 알알이 들어와 박혀

하늘 밑 푸른 바다가 가슴을 열고
흰 돛 단 배가 곱게 밀려서 오면

내가 바라는 손님은 고달픈 몸으로
靑袍를 입고 찾아온다고 했으니

내 그를 맞아, 이 포도를 따 먹으면
두 손은 함뿍 적셔도 좋으련

아이야 우리 식탁엔 은쟁반에

하이얀 모시 수건을 마련해 두렴.

<1939년, 문장>

絶　頂

매운 계절의 채쭉에 갈겨
마침내 북방으로 휩쓸려 오다

하늘도 그만 지쳐 끝난 고원
서릿발 칼날진 그 우에 서다

어데다 무릎을 꿇어야 하나
한발 재겨 디딜 곳조차 없다

이러매 눈 감아 생각해 볼밖에
겨울은 강철로 된 무지갠가 보다

<1940년, 문장>

喬　木

푸른 하늘에 닿을 듯이

158

세월에 불타고 우뚝 남아 서서
차라리 봄도 꽃 피진 말아라

낡은 거미집 휘두르고
끝없는 꿈길에 혼자 설레이는
마음은 아예 뉘우침 아니라

검은 그림자 쓸쓸하면
마침내 호수 속 깊이 거꾸러져
차마 바람도 흔들진 못해라

<1940년, 인문평론>

曠 野

까마득한 날에
하늘이 처음 열리고
어데 닭 우는 소리 들렸으랴

모든 산맥들이
바다를 연모해 휘달릴 때도
차마 이곳을 범하던 못하였으리라

끊임없는 光陰을
부지런한 계절이 피어선 지고

큰 강물이 비로소 길을 열었다

지금 눈 나리고
매화 향기 홀로 아득하니
내 여기 가난한 노래의 씨를 뿌려라

다시 千古의 뒤에
백마 타고 오는 超人이 있어
이 광야에서 목놓아 부르게 하리라

<1946년, 시집 『육사시집』>

꽃

동방은 하늘도 다 끝나고
비 한방울 나리잖는 그때에도
오히려 꽃은 빨갛게 피지 않는가
내 목숨을 꾸며 쉬임없는 날이여

북쪽 툰드라에도 찬 새벽은
눈속 깊이 꽃 맹아리가 옴자거려
제비떼 까맣게 날라오길 기다리나니
마침내 저바리지 못할 약속이여

한 바다복판 용솟음치는 곳

바람결 따라 타오르는 꽃城에는
나비처럼 취하는 회상의 무리들아
오늘 내 여기서 너를 불러보노라

<1946년, 시집 『육사시집』>

오 장 환

暮　村

　추라한 지붕 썩어가는 추녀 우엔 박 한 통이 쇠었다.

　밤서리 차게 나려앉는 밤 싱싱하던 넝쿨이 사그러붙던 밤.

지붕 밑 양주는 밤새워 싸웠다.

　박이 딴딴히 굳고 나뭇잎새 우수수 떨어지던 날, 양주는 새

바가지 뀌어 들고 추라한 지붕, 썩어가는 추녀가 덮인 움막을

작별하였다.

〈1936년, 시인부락〉

漁　浦

　어포의 등대는 鬼類의 불처럼 음습하였다. 어두운 밤이면 안

개는 비처럼 나렸다. 불빛은 오히려 무서웁게 검은 등대를 튀

겨놓는다. 구름에 지워지는 하현달도 한참 자옥한 안개에는 등

대처럼 보였다. 돛폭이 충충한 박쥐의 나래처럼 펼쳐 있는 때,

돛폭이 어스름한 해적의 배처럼 어른거릴 때, 뜸 안에서는 고

기를 많이 잡은 이나 적게 잡은 이나 함부로 튀전을 뽑았다.

〈1936년, 시인부락〉

旅　　愁

여수에 잠겼을 때, 나에게는 죄그만 희망도 숨어버린다.
요령처럼 흔들리는 슬픈 마음이여 !
요지경 속으로 나오는 좁은 세상에 이상스러운 세월들
나는 추억이 무성한 숲속에 섰다.

요지경을 메고 다니는 늙은 장돌뱅이의 고달픈 주막꿈처럼
누덕누덕이 기워진 때묻은 추억,
신뢰할 만한 현실은 어디에 있느냐 !
나는 시정배와 같이 현실을 모르며 아는 것처럼 믿고 있었다.

괴로운 행려 속 외로이 쉬일 때이면
달팽이 깍질 틈에서 문밖을 내다보는 얄미운 노스타르자
너무나, 너무나, 뼈없는 마음으로
오 늬는 무슨 두 뿔따구를 휘저어보는 것이냐 !

<1937년, 조광>

小夜의 노래

무거운 쇠사슬 끄으는 소리 내 맘의 뒤를 따르고
여기 쓸쓸한 자유는 곁에 있으나
풋풋이 흰눈은 흩날려 이정표 썩은 막대 고이 묻히고
드런 발자욱 함부로 찍혀
오즉 치미는 미움
낯선 집 울타리에 돌을 던지니 개가 짖는다.

어메야, 아즉도 차디찬 묘 속에 살고 있느냐.
정월 기울어 낙엽송에 쌓인 눈 바람에 흐트러지고
산짐승의 우는 소리 더욱 처량히
개울물도 파랗게 얼어
진눈깨비는 금시에 나려 비애를 적시울 듯
徒刑囚의 발은 무겁다.

<1938년, 사해공론>

北方의 길

눈 덮인 철로는 더욱이 싸늘하였다

소반 귀퉁이 옆에 앉은 농군에게서는 송아지의 냄새가 난다
힘없이 웃으면서 차만 타면 북으로 간다고
어린애는 운다 철마구리 울듯
차창이 고향을 지워버린다
어린애가 유리창을 쥐어뜯으며 몸부림친다

<1939년, 시집 『헌사』>

고향 앞에서

　흙이 풀리는 내음새
강바람은
산짐승의 우는 소릴 불러
다 녹지 않은 얼음장 울멍울멍 떠나려간다.

　진종일
나룻가에 서성거리다
행인의 손을 쥐면 따뜻하리라.

　고향 가차운 주막에 들려
누구와 함께 지난날의 꿈을 이야기하랴.
양구비 끓여다 놓고
주인집 늙은이는 공연히 눈물지운다.

　간간이 잿내비 우는 산기슭에는

아즉도 무덤 속에 조상이 잠자고
설레는 바람이 가랑잎을 휩쓸어간다.

　예 제로 떠도는 장꾼들이여 !
商賈하며 오가는 길에
흑여나 보셨나이까.

　전나무 우거진 마을
집집마다 누룩을 듸듸는 소리, 누룩이 뜨는 내음새……

<1940년, 인문평론>

病든 서울

8월 15일 밤에 나는 병원에서 울었다.
너희들은 다 같은 기쁨에
내가 운 줄 알지만 그것은 새빨간 거짓말이다.
일본 천황의 방송도,
기쁨에 넘치는 소문도,
내게는 곧이가 들리지 않었다.
나는 그저 병든 탕아로
홀어머니 앞에서 죽는 것이 부끄럽고 원통하였다.

그러나 하로 아츰 자고 깨니
이것은 나타나 가슴을 터치는 사실이었다.

기쁘다는 말
에이 소용도 없는 말이다.
그저 울면서 두 주먹을 부르쥐고
나는 병원에서 뛰쳐나갔다.
그리고, 어째서 날마다 뛰쳐나간 것이냐.
큰 거리에는,
네거리에는, 누가 있느냐.
싱싱한 사람, 굳건한 청년, 씩씩한 웃음이 있는 줄 알았다.

아, 저마다 손에 손에 깃발을 날리며
노래조차 없는 군중이 '만세'로 노래 부르며
이것도 하로 아츰의 가벼운 흥분이라면……
병든 서울아, 나는 보았다.
언제나 눈물 없이 지날 수 없는 너의 거리마다
오늘은 더욱 김승보다 더러운 심사에
눈깔에 불을 켜들고 날뛰는 장사치와
나다니는 사람에게
호기있이 몬지를 씌워주는 무슨 본부, 무슨 본부,
무슨 당, 무슨 당의 자동차.

그렇다. 병든 서울아,
지난날에 네가, 이 잡놈 저 잡놈
모도 다 술취한 놈들과 밤늦도록 어깨동무를 하다시피
아 다정한 서울아
나도 밑천을 털고 보면 그런 놈 중의 하나이다.
나라 없는 원통함에
에이, 나라 없는 우리들 청춘의 반항은 이러한 것이었다.

반항이여 ! 반항이여 ! 이 얼마나 눈물나게 신명나는 일이냐

아름다운 서울, 사랑하는 그리고 정들은 나의 서울아
나는 조급히 병원 문에서 뛰어나온다.
포장 친 음식점, 다 썩은 구루마에 차려놓은 술장수
사뭇 돼지구융같이 늘어슨
끝끝내 더러운 거릴지라도
아, 나의 뼈와 살은 이곳에서 굵어졌다.

병든 서울, 아름다운, 그리고 미칠 것 같은 나의 서울아
네 품에 아모리 춤추는 바보와 술취한 망종이 다시 끓어도
나는 또 보았다.
우리들 인민의 이름으로 씩씩한 새 나라를 세우려 힘쓰는 이
들을……
그리고 나는 웨친다.
우리 모든 인민의 이름으로
우리네 인민의 공통된 행복을 위하야
우리들은 얼마나 이것을 바라는 것이냐.
아, 인민의 힘으로 되는 새 나라

8월 15일, 9월 15일,
아니, 삼백예순날
나는 죽기가 싫다고 몸부림치면서 울겠다.
너희들은 모도 다 내가
시골 구석에서 자식 땜에 아주 상해버린 홀어머니만을 위하
야 우는 줄 아느냐.
아니다. 아니다. 나는 보고 싶으다.

큰물이 지나간 서울의 하늘이……
그때는 맑게 개인 하늘에
젊은이의 그리는 씩씩한 꿈들이 흰구름처럼 떠도는 것을……

아름다운 서울, 사모치는, 그리고, 자랑스런 나의 서울아,
나라 없이 자라난 서른 해,
나는 고향까지 없었다.
그리고, 내가 길거리에 자빠져 죽는 날,
'그곳은 넓은 하늘과 푸른 솔밭이나 잔디 한뼘도 없는'
너의 가장 번화한 거리
종로의 뒷골목 썩은 냄새 나는 선술집 문턱으로 알았다.

그러나 나는 이처럼 살았다.
그리고 나의 반항은 잠시 끝났다.
아 그동안 슬픔에 울기만 하여 이냥 질척거리는 내 눈
아 그동안 독한 술과 끝없는 비굴과 절망에 문드러진 내 썰개
내 눈깔을 뽑아버리랴, 내 썰개를 잡아떼어 길거리에 팽개치
랴.

<1945년, 상아탑>

共靑으로 가는 길

눈발은 세차게 나리다가도
금시에 어지러이 허트러지고

내 겸연쩍은 마음이
共靑으로 가는 길

동무들은 벌써부터 기다릴 텐데
어두운 방에는 불이 켜지고
굳은 열의에 불타는 동무늘은
나 같은 친구조차
믿음으로 기다릴 텐데

아 무엇이 자꼬만 겸연쩍은가
지난날의 부질없음
이 지금의 약한 마음
그래도 동무들은
너그러이 기다리는데……

눈발은 펑펑 나리다가도
금시에 어지러이 허트러지고
그의 성품
너무나 맑고 차워
내 마음 내 입성에 젖지 않어라.

쏟아지렴…… 한결같이
쏟아나 지렴……
함박 같은 눈송이.

<1946년, 시집 『병든 서울』>

윤 곤 강

나   비

비바람 험상궂게 거쳐간 추녀 밑 ──
날개 찢어진 늙은 호랑나비가
맨드라미 대가리를 물고 가슴을 앓는다.

찢긴 나래에 맥이 풀려
그리운 꽃밭을 찾아갈 수 없는 슬픔에
물고 있는 맨드라미조차 소태 맛이다.

자랑스러울손 화려한 춤재주도
한 옛날의 꿈조각처럼 흐리어
늙은 舞女처럼 나비는 한숨진다.

<1930년, 시문학>

밤   車

다만 두 줄기 무쇠길을 밟으며
검은 밤의 앙가슴을 뚫고

지금 나는 들을 달리고 있다.

나의 품안에 얹혀 가는 가지가지 사람들
남에서 북에서 오고 가는 사람들
── 누가 좋아서만 가고 온다드냐?

양초마냥 야위어 돌아오는 가시내
술취한 마음으로 길을 나선 사내
── 도대체 그게 모두 어쨌단 말이냐?

나는 모른다 캄캄한 나의 앞길에
무엇이 기다리는지 누가 쓰러져 있는지
수없이 많은 나의 발길의 망설임!

나에겐 비바람 눈보라의 밤낮이 따로 없다
먹구렁이 같은 몸뚱이를 뒤틀며 뒤틀며 나는
달려야 한다 논과 밭 내와 언덕 산과 굴속……

<1941년, 문장>

백   석

酒   幕

호박잎에 싸오는 붕어곰은 언제나 맛있었다

부엌에는 빨갛게 질들은 八모알상이 그 상 우엔 새파란 싸리를
　그린 눈알만한 盞이 뵈였다

아들아이는 범이라고 장 고기를 잘 잡는 앞니가 뻐드러진 나
　와 동갑이었다

울파주 밖에는 장꾼들을 따러와서 엄지의 젖을 빠는 망아지도
　있었다.

<1936년, 시집 『사슴』>

여우난골族

명절날 나는 엄매아배 따라 우리집 개는 나를 따라 진할머니
　진할아버지가 있는 큰집으로 가면

얼굴에 별자국이 솜솜 난 말수와 같이 눈도 껌벅거리는 하로에
　베 한 필을 짠다는 벌 하나 건너 집엔 복숭아나무가 많은 新
　里 고무 고무의 딸 李女 작은李女
열여섯에 四十이 넘은 홀아비의 후처가 된 포족족하니 성이 잘
　나는 살빛이 매감탕 같은 입술과 젖꼭지는 더 까만 예수쟁이
　마을 가까이 사는 土山 고무 고무의 딸 承女 아들 承동이
六十里라고 해서 파랗게 뵈이는 山을 넘어 있다는 해변에서 과
　부가 된 코끝이 빨간 언제나 흰옷이 정하든 말끝에 설게 눈
　물을 짤 때가 많은 큰골 고무 고무의 딸 洪女 아들 洪동이
　작은洪동이
배나무접을 잘하는 주정을 하면 토방돌을 뽑는 오리치를 잘 놓
　는 먼 섬에 반디젓 담그려 가기를 좋아하는 삼춘 삼춘엄매
　사춘누이 사춘동생들

이 그득히들 할머니 할아버지가 있는 안간에들 모여서 방안에
　서는 새옷의 내음새가 나고
또 인절미 송구떡 콩가루차떡의 내음새도 나고 끼때의 두부와
　콩나물과 볶은 잔디와 고사리와 도야지비계는 모두 선득선득
　하니 찬 것들이다

저녁술을 놓은 아이들은 외양간섶 밭마당에 달린 배나무동산에
　서 쥐잡이를 하고 숨굴막질을 하고 꼬리잡이를 하고 가마 타
　고 시집가는 놀음 말 타고 장가가는 놀음을 하고 이렇게 밤
　이 어둡도록 북적하니 논다
밤이 깊어가는 집안엔 엄매는 엄매들끼리 아르간에서들 웃고
　이야기하고 아이들은 아이들끼리 웃간 한 방을 잡고 조아질
　하고 쌈방이 굴리고 바리깨돌림하고 호박떼기하고 제비손이

구손이하고 이렇게 화디의 사기방등에 심지를 멫번이나 돋구
고 홍게닭이 멫번이나 울어서 졸음이 오면 아릇목싸움 자리
싸움을 하며 히드득거리다 잠이 든다 그래서는 문창에 텅납
새의 그림자가 치는 아츰 시누이 동세들이 욱적하니 흥성거
리는 부엌으론 샛문틈으로 장지문틈으로 무이징게국을 끓이
는 맛있는 내음새가 올라오도록 잔다

<1936년, 시집 『사슴』>

모 닥 불

새끼오리도 헌신짝도 소똥도 갓신창도 개니빠디도 너울쪽도 짚
검불도 가락잎도 머리카락도 헌겊조각도 막대꼬치도 기왓장
도 닭의짓도 개터럭도 타는 모닥불

재당도 초시도 門長늙은이도 더부살이 아이도 새사위도 갓사둔
도 나그네도 주인도 할아버지도 손자도 붓장사도 땜쟁이도
큰개도 강아지도 모두 모닥불을 쪼인다

모닥불은 어려서 우리 할아버지가 어미아비 없는 서러운 아이
로 불상하니도 몽둥발이가 된 슬픈 역사가 있다

<1936년, 시집 『사슴』>

女 僧

여승은 합장하고 절을 했다
가지취의 내음새가 났다
쓸쓸한 낯이 옛날같이 늙었다
나는 佛經처럼 서러워졌다

평안도의 어늬 산 깊은 금덤판
나는 파리한 여인에게서 옥수수를 샀다
여인은 나어린 딸아이를 따리며 가을밤같이 차게 울었다

섶벌같이 나아간 지아비 기다려 십년이 갔다
지아비는 돌아오지 않고
어린 딸은 도라지꽃이 좋아 돌무덤으로 갔다

山꿩도 설게 울은 슬픈 날이 있었다
山절의 마당귀에 여인의 머리오리가 눈물방울과 같이 떨어진
　날이 있었다

<1936년, 시집 『사슴』>

統　營

옛날엔 統制使가 있었다는 낡은 항구의 처녀들에겐 옛날이 가
　지 않은 千姬라는 이름이 많다
미역오리같이 말라서 굴껍지처럼 말없이 사랑하다 죽는다는
이 千姬의 하나를 나는 어늬 오랜 客主집의 생선가시가 있는
　마루방에서 만났다
저문 六月의 바닷가에선 조개도 울을 저녁 소라방등이 불그레
　한 마당에 김냄새 나는 비가 나렸다

<1935년, 조광>

八　院
西行詩抄 3

차디찬 아침인데
妙香山行 乘合자동차는 텅하니 비어서
나이 어린 계집아이 하나가 오른다
옛말속같이 진진초록 새 저고리를 입고
손잔등이 밭고랑처럼 몹시도 터졌다
계집아이는 慈城으로 간다고 하는데
자성은 예서 三百五十里 묘향산 百五十里

묘향산 어디메서 삼촌이 산다고 한다
쌔하얗게 얼은 자동차 유리창 밖에
內地人 駐在所長 같은 어른과 어린아이 둘이 내임을 낸다
계집아이는 운다 느끼며 운다
텅 비인 차 안 한구석에서 어느 한 사람도 눈을 씻는다
계집아이는 몇해고 內地人 주재소장 집에서
밥을 짓고 걸레를 치고 아이보개를 하면서
이렇게 추운 아침에도 손이 꽁꽁 얼어서
찬물에 걸레를 쳤을 것이다

<1939년, 조선일보>

흰 바람벽이 있어

오늘 저녁 이 좁다란 방의 흰 바람벽에
어쩐지 쓸쓸한 것만이 오고 간다
이 흰 바람벽에
희미한 십오촉 전등이 지치운 불빛을 내어던지고
때글은 다 낡은 무명샤쯔가 어두운 그림자를 쉬이고
그리고 또 달디단 따끈한 감주나 한잔 먹고 싶다고 생각하는
  내 가지가지 외로운 생각이 헤매인다
그런데 이것은 또 어인 일인가
이 흰 바람벽에
내 가난한 늙은 어머니가 있다
내 가난한 늙은 어머니가

이렇게 시퍼러둥둥하니 추운 날인데 차디찬 물에 손은 담그고
　무이며 배추를 씻고 있다
또 내 사랑하는 사람이 있다
내 사랑하는 어여쁜 사람이
어늬 먼 앞대 조용한 개포가의 나즈막한 집에서
그의 지아비와 마조 앉어 대구국을 끓여놓고 저녁을 먹는다
벌써 어린것도 생겨서 옆에 끼고 저녁을 먹는다
그런데 또 이즈막하야 어늬 사이엔가
이 흰 바람벽엔
내 쓸쓸한 얼골을 쳐다보며
이러한 글자들이 지나간다
―― 나는 이 세상에서 가난하고 외롭고 높고 쓸쓸하니 살어가
　　도록 태어났다
　　그리고 이 세상을 살어가는데
　　내 가슴은 너무도 많이 뜨거운 것으로 호젓한 것으로 사랑
　　으로 슬픔으로 가득찬다
그리고 이번에는 나를 위로하는 듯이 나를 울력하는 듯이
눈질을 하며 주먹질을 하며 이런 글자들이 지나간다
―― 하눌이 이 세상을 내일 적에 그가 가장 귀해하고 사랑하
　　는 것들은 모두
　　가난하고 외롭고 높고 쓸쓸하니 그리고 언제나 넘치는 사
　　랑과 슬픔 속에 살도록 만드신 것이다
　　초생달과 바구지꽃과 짝새와 당나귀가 그러하듯이
　　그리고 또 프랑시스 잠과 도연명과 라이너 마리아 릴케가
　　그러하듯이

<1941년, 문장>

南新義州 柳洞 朴時逢方

어느 사이에 나는 아내도 없고, 또,
아내와 같이 살던 집도 없어지고,
그리고 살뜰한 부모며 동생들과도 멀리 떨어져서,
그 어느 바람 세인 쓸쓸한 거리 끝에 헤매이었다.
바로 날도 저물어서,
바람은 더욱 세게 불고, 추위는 점점 더해 오는데,
나는 어느 木手네 집 헌 삿을 깐,
한 방에 들어서 쥔을 붙이었다.
이리하여 나는 이 습내나는 춥고, 누긋한 방에서,
낮이나 밤이나 나는 나 혼자도 너무 많은 것같이 생각하며,
딜옹배기에 북덕불이라도 담겨 오면,
이것을 안고 손을 쬐며 재 우에 뜻없이 글자를 쓰기도 하며,
또 문밖에 나가디두 않구 자리에 누워서,
머리에 손깍지벼개를 하고 굴기도 하면서,
나는 내 슬픔이며 어리석음이며를 소처럼 연하여 쌔김질하는
  것이었다.
내 가슴이 꽉 메어올 적이며,
내 눈에 뜨거운 것이 핑 괴일 적이며,
또 내 스스로 화끈 낯이 붉도록 부끄러울 적이며,
나는 내 슬픔과 어리석음에 눌리어 죽을 수밖에 없는 것을 느
  끼는 것이었다.

그러나 잠시 뒤에 나는 고개를 들어,

허연 문창을 바라보든가 또 눈을 떠서 높은 턴정을 쳐다보는
   것인데,

이때 나는 내 뜻이며 힘으로, 나를 이끌어가는 것이 힘든 일인
   것을 생각하고,

이것들보다 더 크고, 높은 것이 있어서, 나를 마음대로 굴려
   가는 것을 생각하는 것인데,

이렇게 하여 여러 날이 지나는 동안에,

내 어지러운 마음에는 슬픔이며, 한탄이며, 가라앉을 것은 차
   츰 앙금이 되어 가라앉고,

외로운 생각만이 드는 때쯤 해서는,

더러 나줏손에 쌀랑쌀랑 싸락눈이 와서 문창을 치기도 하는 때
   도 있는데,

나는 이런 저녁에는 화로를 더욱 다가 끼며, 무릎을 꿇어보며,

어니 먼 산 뒷옆에 바우섶에 따로 외로이 서서,

어두워오는데 하이야니 눈을 맞을, 그 마른 잎새에는,

쌀랑쌀랑 소리도 나며 눈을 맞을,

그 드물다는 굳고 정한 갈매나무라는 나무를 생각하는 것이었
   다.

<1948년, 학풍>

신 석 초

劍 舞 娘

꽃 숭어리 달어
戰笠, 검은 머리 우에
비뚜름히 숙여트리고,

늘어진 버들가지……
긴치마 袂子, 곁들여 입고,
은장도 두 손에 갈러 들고서,

건드러지게 돌아가는
몸매, 꿈결에 흔들려서,
袂子, 半쯤, 흩날리고,

자알 잘 흔드는 장도,
고연히 죽을 중도 모르는
魅力의 잎만 떠돌게 하노나……

<1940년, 문장>

바 라 춤

언제나 내 더럽히지 않을
無垢한 꽃잎으로 살어 여러 했것만
내 가슴의 그윽한 수풀 속에
남몰래 솟아오르는 구슬픈
샘물을 어찌할까나 !

靑山 깊은 절에 울어 끊인
鍾소래는 하마 이슷도 하여이다
耿耿히 밝은 달은 덧없이
빈 寺院을 비초이고
後園 이슥한 꽃가지에
잠못이루는 杜鵑조차
피피 슬피 우는다

아아 어이하리 ! 내 홀로
다만 내 홀로 지닐 즐거운
無常한 열반을 꿈꾸었으라
그러나 나도 모르는 어지러운 티끌이
내 마음의 맑은 거울을 흐리노라

몸은 슬퍼라 허물 많은

사바의 몸이여 !
現世의 어지러운 번뇌가
짐승처럼 내 몸을 물고
오오 형체 이 아리따움과
내 寶石 숲풀 속에 비밀한
뱀이 꿈어리는
形役의 끝없는 지름길이여

구름으로 잔잔히 흐르는 시내물 소래
지는 꽃잎도 띄워 둥둥 떠내려가것다
부서지는 珠玉의 여울이여 !
너울너울 흘러서 滄海에
미치기 전에야 그칠 줄이 있으리
저절로 흘러가는 널조차 부러워라.

<1955년, 현대문학>

이 용 악

北　쪽

북쪽은 고향
그 북쪽은 여인이 팔려간 나라
머언 산맥에 바람이 얼어붙을 때
다시 풀릴 때
시름 많은 북쪽 하늘에
마음은 눈감을 줄 모르다

<1937년, 시집 『분수령』>

두만강 너 우리의 강아

나는 죄인처럼 수그리고
나는 코끼리처럼 말이 없다
두만강 너 우리의 강아
너의 언덕을 달리는 찻간에
조고마한 자랑도 자유도 없이 앉았다

아모것두 바라볼 수 없다만

너의 가슴은 얼었으리라
그러나
나는 안다
다른 한 줄 너의 흐름이 쉬지 않고
바다로 가야 할 곳으로 흘러내리고 있음을

지금
차는 차대로 달리고
바람이 이리처럼 날뛰는 강건너 벌판엔
나의 젊은 넋이
무엇인가 기대리는 듯 얼어붙은 듯 섰으니
욕된 운명은 밤 우에 밤을 마련할 뿐

잠들지 말라 우리의 강아
오늘 밤도
너의 가슴을 밟는 뭇 슬픔이 목마르고
얼음길은 거츨다 길은 멀다

길이 마음의 눈을 덮어줄
검은 날개는 없느냐
두만강 너 우리의 강아
북간도로 간다는 강원도치와 마조 앉은
나는 울 줄을 몰라 외롭다

<1938년, 시집 『낡은 집』>

낡은 집

날로 밤으로
왕거미 줄치기에 분주한 집
마을서 흉집이라고 꺼리는 낡은 집
이 집에 살았다는 백성들은
대대손손에 물려줄
은동곳도 산호관자도 갖지 못했니라

재를 넘어 무곡을 다니던 당나귀
항구로 가는 콩실이에 늙은 둥글소
모두 없어진 지 오랜
외양간엔 아직 초라한 내음새 그윽하다만
털보네 간 곳은 아모도 모른다

찻길이 놓이기 전
노루 멧돼지 쪽제비 이런 것들이
앞뒤 산을 마음놓고 뛰어다니던 시절
털보의 셋째아들
나의 싸리말 동무는
이 집 안방 짓두광주리 옆에서
첫울음을 울었다고 한다

"털보네는 또 아들을 봤다우
송아지래두 붙었으면 팔아나 먹지"
마을 아낙네들은 무심코
차그운 이야기를 가을 냇물에 실어보냈다는
그날 밤
지름등이 시름시름 나들어가고
소주에 취한 털보의 눈도 일층 붉더란다

갓주지 이야기와
무서운 전설 가운데서 가난 속에서
나의 동무는 늘 마음졸이며 자랐다
당나귀 몰고 간 애비 돌아오지 않는 밤
노랑고양이 울어 울어
종시 잠 이루지 못하는 밤이면
어미 분주히 일하는 방앗간 한구석에서
나의 동무는
도토리의 꿈을 키웠다

그가 아홉살 되던 해
사냥개 꿩을 쫓아다니는 겨울
이 집에 살던 일곱 식솔이
어데론지 사라지고 이튿날 아침
북쪽을 향한 발자옥만 눈 우에 떨고 있었다

더러는 오랑캐령 쪽으로 갔으리라고
더러는 아라사로 갔으리라고
이웃 늙은이들은

모두 무서운 곳을 짚었다

지금은 아무도 살지 않는 집
마을서 흉집이라고 꺼리는 낡은 집
제철마다 먹음직한 열매
탐스럽게 열던 살구
살구나무도 글거리만 남았길래
꽃피는 철이 와도 가도 뒤울안에
꿀벌 하나 날아들지 않는다

<1938년, 시집 『낡은 집』>

오랑캐꽃

    —— 긴 세월을 오랑캐와의 싸홈에 살았다는 우리의 머언 조상들이 너를 불러 '오랑캐꽃'이라 했으니 어찌 보면 너의 뒷모양이 머리태를 드리인 오랑캐의 뒷머리와도 같은 까닭이라 전한다 ——

아낙도 우두머리도 돌볼 새 없이 갔단다
도래샘도 띳집도 버리고 강건너로 쫓겨갔단다
고려 장군님 무지 무지 쳐들어와
오랑캐는 가랑잎처럼 굴러갔단다

구름이 모여 골짝 골짝을 구름이 흘러
백년이 몇백년이 뒤를 이어 흘러갔나

너는 오랑캐의 피 한 방울 받지 않았건만
오랑캐꽃
너는 돌가마도 털메투리도 모르는 오랑캐꽃
두 팔로 햇빛을 막아줄께
울어보렴 목놓아 울어나 보렴 오랑캐꽃

<1940년, 인문평론>

전라도 가시내

알룩조개에 입맞추며 자랐나
눈이 바다처럼 푸를뿐더러 까무스레한 네 얼골
가시내야
나는 발을 얼구며
무쇠다리를 건너온 함경도 사내

바람소리도 호개도 인전 무섭지 않다만
어드운 등불 밑 안개처럼 자욱한 시름을 달게 마시련다만
어디서 흉참한 기별이 뛰어들 것만 같애
두터운 벽도 이웃도 못미더운 북간도 술막

온갖 방자의 말을 품고 왔다
눈포래를 뚫고 왔다
가시내야
너의 가슴 그늘진 숲속을 기어간 오솔길을 나는 헤매이자

술을 부어 남실남실 술을 따르어
가난한 이야기에 고히 잠거다오

네 두만강을 건너왔다는 석 달 전이면
단풍이 물들어 천리 천리 또 천리 산마다 불탔을 겐데
그래두 외로워서 슬퍼서 초마폭으로 얼굴을 가렸더냐
두 낮 두 밤을 두루미처럼 울어 울어
불술기 구름 속을 달리는 양 유리창이 흐리더냐

차알삭 부서지는 파도소리에 취한 듯
때로 싸늘한 웃음이 소리없이 새기는 보조개
가시내야
울 듯 울 듯 울지 않는 전라도 가시내야
두어 마디 너의 사투리로 때아닌 봄을 불러줄께
손때 수집은 분홍 댕기 휘휘 날리며
잠깐 너의 나라로 돌아가거라

이윽고 얼음길이 밝으면
나는 눈포래 휘감아치는 벌판에 우줄우줄 나설 게다
노래도 없이 사라질 게다
자욱도 없이 사라질 게다

<1940년, 시학>

달 있는 제사

달빛 밟고 머나먼 길 오시리
두 손 합쳐 세 번 절하면 돌아오시리
어머닌 우시어
밤내 우시어
하아얀 박꽃 속에 이슬이 두어 방울

〈1947년, 시집 『오랑캐꽃』〉

두메산골

1

들창을 열면 물구지떡 내음새 내달았다
쌍바라지 열어제치면
썩달나무 썩는 냄새 유달리 향그러웠다

뒷산에두 봋나무
앞산두 군데군데 봋나무

주인장은 매사냥을 다니다가
바위틈에서 죽었다는 주막집에서
오래오래 옛말처럼 살고 싶었다

                    2

아희도 어른도
버섯을 만지며 히히 웃는다
독한 버섯인 양 히히 웃는다

돌아 돌아 물곬 따라가면 강에 이른대
영 넘어 여러 영 넘어가면 읍이 보인대

맷돌방아 그늘도 토담 그늘도
희부옇게 엷어지는데
어디서 꽃가루 날러오는 듯 눈부시는 산머리

온 길 갈 길 죄다 잊어바리고
까맣게 쓰러지고 싶다

                    3

참나무 불이 이글이글한
오지화로에 감자 두어 개 묻어놓고
멀어진 서울을 그리는 것은
도포 걸친 어느 조상이 귀양 와서
일삼든 버릇일까

돌아갈 때엔 당나귀 타고 싶던
여러 영에
눈은 내리는데 눈은 내리는데

4

소곰토리 지웃거리며 돌아오는가
열두 고개 타박타박 당나귀는 돌아오는가
방울소리 방울소리 말방울소리 방울소리

<1947년, 시집 『오랑캐꽃』>

그 리 움

눈이 오는가 북쪽엔
함박눈 쏟아져내리는가

험한 벼랑을 굽이굽이 돌아간
백무선 철길 우에
느릿느릿 밤새어 달리는
화물차의 검은 지붕에

연달린 산과 산 사이
너를 남기고 온
작은 마을에도 복된 눈 내리는가

잉크병 얼어드는 이러한 밤에
어쩌자고 잠을 깨어
그리운 곳 차마 그리운 곳

눈이 오는가 북쪽엔
함박눈 쏟아져내리는가

<1947년, 협동>

機關區에서
남조선 철도파업단에 드리는 노래

핏발이 섰다 집마다 집웅 위 저리 산마다 산머리 위에 헐벗
고 굶주린 사람들의 핏발이 섰다

누구를 위한 철도냐 누구를 위해 동트는 새벽이었나 멈춰라
어둠을 뚫고 불을 뿜으며 달려온 우리의 기관차 이제 또한 우
리를 좀먹는 놈들의 창고와 창고 사이에만 늘어놓은 철길이라
면 차라리 우리의 가슴에 안해와 어린것들 가슴팍에 무거운 바
퀴를 굴리자

피로써 물으리라 우리의 것을 우리에게 돌리라고 요구했을
뿐이다 생명의 마지막 끄나푸리를 요구했을 뿐이다

그러나 아느냐 동포여 우리에게 총부리를 겨누고 다가서는

틀림없는 동포여 자욱마다 절그렁거리는 사슬에서 너희들까지
도 완전히 풀어놓고저 인민의 앞잡이 젊은 전사들은 원수와 함
께 나란히 선 너희들 앞에 일어섰거니

　강철이다 쓰러진 어느 동무의 소리가 바람결에 들릴지라도
귀를 모아 천길 일어선 강철 기둥이다

　며칠째이냐 농성한 기관구 테두리를 지키고 선 전사들이여
불 꺼진 기관차를 끼고 옳소 옳소 외치며 박수하는 똑같이 기
름 배인 검은 손들이여 교대시간이 오면 두 눈 부릅뜨고 일선
으로 나아갈 전사 함며 피켓을 탄탄히 쥔 채 철길을 베고 곤
히 잠든 동무들이여

　핏발이 섰다 집마다 집웅 위 저리 산마다 산머리 위에 억울
한 모든 사람들이 우리의 승리를 약속하는 핏발이 섰다
<1947년, 문학>

노 천 명

사　슴

모가지가 길어서 슬픈 짐승이여
언제나 점잖은 편 말이 없구나
冠이 향그러운 너는
무척 높은 족속이었나보다
물속의 제 그림자를 들여다보고
잃었던 전설을 생각해내곤
어찌 할 수 없는 향수에
슬픈 모가지를 하고 먼 데 산을 쳐다본다

<1938년, 시집 『산호림』>

연 잣 간

삼밭 울바주엔 호박꽃이 희안한데
눈 가린 말은 돌방아를 메고
한종일 연잣간을 속아 돌고
치부책을 든 연자지기는 잎담배를 피었다

머언 아랫말에 한나절 닭이 울고
돌배를 따는 아이들에게선 풋냄새가 났다
밀을 찌어가지고 오늘 친정엘 간다는 새댁
대추나무를 쳐다보고도 일없이 좋아했다

<1938년, 시집 『산호림』>

男 사 당

나는 얼굴에 분칠을 하고
삼단 같은 머리를 땋아내린 사나이

초립에 쾌자를 걸친 조라치들이
날라리를 부는 저녁이면
다홍치마를 두르고 나는 香丹이가 된다
이리하야 장터 어느 넓은 마당을 빌려
람프불을 돋운 포장 속에선
내 男聲이 십분 굴욕된다

산 넘어 지나온 저 동리엔
은반지를 사주고 싶은
고운 처녀도 있었건만
다음날이면 떠남을 짓는
처녀야!
나는 집시의 피였다

내일은 또 어느 동리로 들어간다냐

우리들의 소도구를 실은
노새의 뒤를 따라
산딸기의 이슬을 털며
길에 오르는 새벽은
구경꾼을 모으는 날라리 소리처럼
슬픔과 기쁨이 섞여 핀다

<1940년, 삼천리>

告　別

어제 나에게 찬사와 꽃다발을 던지고
우뢰 같은 박수를 보내주던 인사들
오늘은 멸시의 눈초리로 혹은 무심히
내 앞을 지나쳐버린다

청춘을 바친 이 땅
오늘 내 머리에는 용수가 씌워졌다

孤島에라도 좋으니 차라리 머언 곳으로——
나를 보내다오
뱃사공은 나와 방언이 달라도 좋다

내가 떠나면
정든 책상은 고물상이 업어갈 것이고
애끼던 책들은 천덕구니가 되어 장터로 나갈 게다

나와 친하던 이들 또 나를 시기하던 이들
잔을 들어라 그대들과 니 사이에
마주막인 작별의 잔을 높이 들자

우정이라는 것 또 신의라는 것
이것은 다 어디 있는 것이냐
생쥐에게나 뜯어먹게 던져 주어라

온갖 화근이었던 이름 석자를
갈기갈기 찢어서 바다에 던져버리련다
나를 어니 떨어진 섬으로 멀리 멀리 보내다오

눈물어린 얼굴을 돌이키고
나는 이곳을 떠나련다
개 짖는 마을들아
닭이 새벽을 알리는 村家들아
잘 있거라
별이 있고
하늘이 보이고
거기 자유가 닫혀지지 않는 곳이라면——

<1953년, 시집 『별을 쳐다보며』>

김 상 용

南으로 창을 내겠소

남으로 창을 내겠소.
밭이 한참 갈이
괭이로 파고
호미론 김을 매지요.

구름이 꼬인다 갈 리 있소.
새 노래는 공으로 들으랴오.
강냉이가 익걸랑
함께 와 자셔도 좋소.

왜 사냐건
웃지요.

<1934년, 문학>

오 일 도

내 少女

빈 가지에 바구니 걸어 놓고
내 少女 어디 갔느뇨.
....
薄紗의 아지랑이
오늘도 가지 앞에 아른거린다.

<1935년, 시원>

장 만 영

달·葡萄·잎사귀

順伊 버레 우는 고풍한 뜰에
달빛이 밀물처럼 밀려왔구나!

달은 나의 뜰에 고요히 앉아 있다.
달은 과일보다 향그럽다.

동해바다 물처럼
푸른
가을
밤

포도는 달빛이 스며 고웁다.
포도는 달빛을 머금고 익는다.

順伊 포도넝쿨 밑에 어린 잎새들이
달빛에 젖어 호젓하구나!

<1936년, 시건설>

서 정 주

花　　蛇

麝香 薄荷의 뒤안길이다.
아름다운 배암……
을마나 크다란 슬픔으로 태어났기에,
저리도 징그라운 몸뚱아리냐

꽃다님 같다
너의 할아버지가 이브를 꼬여내든 달변의 혓바닥이
소리 잃은 채 낼룽그리는 붉은 아가리로
푸른 하늘이다. ……물어뜯어라, 원통히 물어뜯어,

달아나거라. 저놈의 대가리 !

돌팔매를 쏘면서, 쏘면서, 麝香 芳草길
저놈의 뒤를 따르는 것은
우리 할아버지의 안해가 이브라서 그러는 게 아니라
석유 먹은 듯…… 석유 먹은 듯…… 가쁜 숨결이야

바눌에 꼬여 두를까부다. 꽃다님보단도 아름다운 빛……

클레오파트라의 피 먹은 양 붉게 타오르는

204

고운 입설이다…… 스며라, 배암!

우리 순네는 스물난 색시, 고양이같이 고흔
입설…… 스며라, 배암!

<1936년, 시인부락>

自 畵 像

애비는 종이었다 밤이 깊어도 오지 않았다.
파뿌리같이 늙은 할머니와 대추꽃이 한 주 서 있을 뿐이었
다.
어매는 달을 두고 풋살구가 꼭 하나만 먹고 싶다 하였으나
…… 흙으로 바람벽한 호롱불 밑에
손톱이 까만 에미의 아들.
갑오년이라든가 바다에 나가서는 돌아오지 않는다 하는 외할
아버지의 숱 많은 머리털과
그 크다란 눈이 나는 닮었다 한다.
스물세 해 동안 나를 키운 건 팔할이 바람이다.
세상은 가도가도 부끄럽기만 하더라.
어떤 이는 내 눈에서 죄인을 읽고 가고
어떤 이는 내 입에서 천치를 읽고 가나
나는 아무것도 뉘우치진 않을란다.

찬란히 틔워오는 어느 아침에도

이마 우에 얹힌 시의 이슬에는
몇 방울의 피가 언제나 섞여 있어
볕이거나 그늘이거나 혓바닥 늘어트린
병든 수캐만냥 헐떡거리며 나는 왔다.

<1939년, 시건설>

復　　活

　내 너를 찾아왔다 臾娜 너 참 내 앞에 많이 있구나. 내가 혼
자서 종로를 걸어가면 사방에서 네가 웃고 오는구나. 새벽 닭
이 울 때마닥 보고 싶었다…… 내 부르는 소리 귓가에 들리드
냐. 臾娜, 이것이 몇만 시간 만이냐. 그날 꽃喪輿 山 넘어서
간 다음, 내 눈동자 속에는 빈 하늘만 남드니, 매만져볼 머리
카락 하나 머리카락 하나 없드니, 비만 자꾸 오고…… 燭불 밖
에 부엉이 우는 돌門을 열고 가면 江물은 또 몇천린지, 한번
가선 소식 없든 그 어려운 住所에서 너 무슨 무지개로 내려왔
느냐. 종로 네거리에 뿌우여니 흩어져서, 뭐라고 조잘대며 햇
볕에 오는 애들. 그 중에도 열아홉 살쯤 스무 살쯤 되는 애들.
그들의 눈망울 속에, 핏대에, 가슴속에 들어앉어 臾娜！ 臾
娜！ 臾娜！ 너 인제 모두 다 내 앞에 오는구나.

<1939년, 조선일보>

歸 蜀 途

눈물 아롱 아롱
피리 불고 가신 님의 밟으신 길은
진달래 꽃비 오는 西域 三萬里.
흰 옷깃 여며 여며 가옵신 님의
다시 오진 못하는 巴蜀 三萬里.

신이나 삼어줄걸, 슬픈 사연의
올올이 아로새긴 육날메투리.
은장도 푸른 날로 이냥 베어서
부질없는 이 머리털 엮어 드릴걸.

초롱에 불빛 지친 밤하늘
굽이 굽이 은하물 목이 젖은 새
차마 아니 솟는 가락 눈이 감겨서
제 피에 취한 새가 귀촉도 운다.
그대 하늘 끝 호을로 가신 님아.

육날메(미)투리는 신 중에서는 으뜸인 미투리 중에서도 가장 아름다운 조선의 신발이었느니라. 귀촉도는, 항용 우리들이 두견이라고도 하고 소쩍새라고도 하고 접동새라고도 하고 子規라고도 하는 새가, 귀촉도…… 귀촉도…… 그런 발음으로써 우는 것이라고 지하에 돌아간 우리들의 조상의 때부터 들어온 데서 생긴 말씀이니라.

<1943년, 춘추>

上里果園

꽃밭은 그 향기만으로 볼진대 한강수나 낙동강 상류와도 같은 융융한 흐름이다. 그러나 그 낱낱의 얼굴들로 볼진대 우리 조카딸년들이나 그 조카딸년들의 친구들의 웃음판과도 같은 굉장히 즐거운 웃음판이다.

세상에 이렇게도 타고난 기쁨을 찬란히 터뜨리는 몸뚱아리들이 또 어디 있는가. 더구나 서양에서 건너온 배나무의 어떤 것들은 머리나 가슴패기뿐만이 아니라 배와 허리와 다리 발꿈치에까지도 이쁜 꽃숭어리들을 달았다. 멧새, 참새, 때까치, 꾀꼬리, 꾀꼬리새끼 들이 조석으로 이 많은 기쁨을 대신 읊조리고, 수십만 마리의 꿀벌들이 왼종일 북 치고 소구 치고 맞이굿 올리는 소리를 허고, 그래서 모자라는 놈은 더러 그 속에 묻혀 자기도 하는 것은 참으로 당연한 일이다.

우리가 이것들을 사랑하려면 어떻게 했으면 좋겠는가. 묻혀서 누워 있는 못물과 같이 저 아래 저것들을 비춰고 누워서, 때로 가냘프게도 떨어져내리는 저 어린것들의 꽃잎사귀들을 우리 몸 우에 받아라도 볼 것인가. 아니면 머언 산들과 나란히 마조 서서, 이것들의 아침의 油頭粉面과, 한낮의 춤과, 황혼의 어둠 속에 이것들이 잦아들어 돌아오는――아스라한 침잠이나 지킬 것인가.

하여간 이 하나도 서러울 것이 없는 것들 옆에서, 또 이것들을 서러워하는 미물 하나도 없는 곳에서, 우리는 섣불리 우리

208

어린것들에게 서름 같은 걸 가르치지 말 일이다. 저것들을 축복하는 때까치의 어느 것, 비비새의 어느 것, 벌 나비의 어느 것, 또는 저것들의 꽃봉오리와 꽃숭어리의 어느 것에 대체 우리가 항용 나즉이 서로 주고받는 슬픔이란 것이 깃들이어 있단 말인가.

이것들의 초밤에의 完全歸巢가 끝난 뒤, 어둠이 우리와 우리 어린것들과 산과 냇물을 까마득히 덮을 때가 되거든, 우리는 차라리 우리 어린것들에게 제일 가까운 곳의 별을 가리켜 보일 일이요, 제일 오랜 종소리를 들릴 일이다.

<1953년, 현대공론>

無等을 보며

가난이야 한낱 남루에 지나지 않는다.
저 눈부신 햇빛 속에 갈매빛의 등성이를 드러내고 서 있는
여름 산 같은
우리들의 타고난 살결, 타고난 마음씨까지야 다 가릴 수 있으랴.

청산이 그 무릎 아래 芝蘭을 기르듯
우리는 우리 새끼들을 기를 수밖엔 없다.
목숨이 가다 가다 농울쳐 휘어드는
오후의 때가 오거든
내외들이여 그대들도

더러는 앉고
더러는 차라리 그 곁에 누워라.

지어미는 지애비를 물끄러미 우러러보고
지애비는 지어미의 이마라도 짚어라.

어느 가시덤불 쑥굴헝에 놓일지라도
우리는 늘 옥돌같이 호젓이 묻혔다고 생각할 일이요
靑苔라도 자욱이 끼일 일인 것이다.

<1954년, 현대공론>

冬　天

내 마음 속 우리 님의 고운 눈썹을
즈믄 밤의 꿈으로 맑게 씻어서
하늘에다 옮기어 심어 놨더니
동지 섣달 날으는 매서운 새가
그걸 알고 시늉하며 비끼어 가네.

<1966년, 현대문학>

上歌手의 소리

　질마재 상가수의 노랫소리는 답답하면 열두 발 상무를 젓고,
따분하면 어깨에 고깔 쓴 중을 세우고, 또 상여면 상여머리에
뙤약볕 같은 놋쇠 요령 흔들며, 이승과 저승에 뻗쳤습니다.
　그렇지만, 그 소리를 안하는 어느 아침에 보니까 상가수는
뒷간 똥오줌 항아리에서 똥오줌 거름을 옮겨 내고 있었는데요.
왜, 거, 있지 않아, 하늘의 별과 달도 언제나 잘 비치는 우리
네 똥오줌 항아리, 비가 오나 눈이 오나 지붕도 앗세 작파해
버린 우리네 그 참 재미있는 똥오줌 항아리, 거길 明鏡으로 해
망건 밑에 염발질을 열심히 하고 서 있었습니다. 망건 밑으로
흘러내린 머리털들을 망건 속으로 보기좋게 밀어넣어 올리는
쇠뿔 염발질을 점잔하게 하고 있어요.
　明鏡도 이만큼은 특별나고 기름져서 이승 저승에 두루 무성
하던 그 노랫소리는 나온 것 아닐까요?

<1972년, 현대문학>

안 용 만

저녁의 地區

저녁의 地區는 소란하다
동쪽 평야의 어둠, 서산의 빨간 잔광이 반사된 강물……
기울어진 황혼이 엷어간다
저녁 짓는 소리에 섞여 여편네들의
여덟시——기쁨의 싸이렌을 기다리는 가슴에 즐거운 정열이
떠돈다.
나의 약한 신경은 날카롭게 시달리었다
이골 저골의 살림의 음향을 찾어 헤매었기로
어떻게 나의 가슴의 핏줄은 뛰고 감정의 물결이 높은 것인가
여편네들의 웃음소리에도 隆起된 젖가슴에도 어린애들 코묻
은 볼에도 뜨거운 노래가 굴러나온다.
겨울의 치운 햇발이 넘어감이 길어지며
북국의 봄——
전에는 별들이 총총한 밤하늘을 찢던 고동이 황혼의 나라에
안기운다.
자연과 살림의 아름다운 조화! 나는 홀린다. 보드러운 입김
에 싸인 어여쁜 이 거리여!
나는 왔다. 저녁 거리의 품이여! 나를 맞어다고……
네 입김은 소생의 뜨거움 같다. 녹아지는 대지, 속삭이는 바
람, 백은색의 연기——싹트는 네 입은 희망을 아뢰고

나는 네 품, 자연의 향기 속에 근로자들의 가슴을 생각한다.
새로운 정열로 끓는 감정을 너는 따뜻하게 키워가는 것이지.
여덟시 —— 싸이렌!
……흐르는 파란 라빠服의 떼.
웃음, 농지거리. 그 바람에 실려가는 생활의 노래, 이들을
안은 저녁의 거리, 사랑하는 품이여. 나를 맞어다고 ——
생생한 정열을 읊으려는 내 가슴은
저녁 거리의 사랑에 터질 듯이 뜨겁고나.

<1935년, 조선일보>

함 형 수

해바라기의 碑銘
청년화가 L을 위하여

나의 무덤 앞에는 그 차거운 碑돌을 세우지 말라.

나의 무덤 주위에는 그 노오란 해바라기를 심어 달라.

그리고 해바라기의 긴 줄거리 사이로 끝없는 보리밭을 보여
달라.

노오란 해바라기는 늘 태양같이 태양같이 하던 화려한 나의
사랑이라고 생각하라.

푸른 보리밭 사이로 하늘을 쏘는 노고지리가 있거든 아직도
날아오르는 나의 꿈이라고 생각하라.
<1936년, 시인부락>

김 광 균

午後의 構圖

바다 가까운 露臺 우에
아네모네의 고요한 꽃방울이 바람에 졸고
흰 거품을 물고 밀려드는 파도의 발자최가
눈보라에 얼어붙은 계절의 창밖에
나즉이 조각난 노래를 웅얼거린다

천정에 걸린 시계는 새로 두시
하―얀 기적소리를 남기고
고독한 나의 오후의 응시 속에 잠기여가는
북양 항로의 깃발이
지금 눈부신 弧線을 긋고 먼 해안 우에 아물거린다

긴― 뱃길에 한배 가득히 장미를 싣고
황혼에 돌아온 적은 기선이 부두에 닻을 나리고
창백한 感傷에 녹슬은 돛대 위에
떠도는 갈매기의 날개가 그리는
한줄기 譜表는 적막하려니

바람이 울 적마다
어두운 카―텐을 새여오는 보이얀 햇빛에 가슴이 매여

여윈 두 손을 들어 창을 나리면
하이 — 헌 추억의 벽 우엔 별빛이 하나
눈을 감으면 내 가슴엔 처량헌 파도소리뿐

<1935년, 조선중앙일보>

雪　夜

어느 먼 — 곳의 그리운 소식이기에
이 한밤 소리없이 흩날리느뇨.

처마끝에 호롱불 여위어가며
서글픈 옛 자친 양 흰눈이 내려

하이얀 입김 절로 가슴이 메어
마음 허공에 등불을 켜고
내 홀로 밤 깊어 뜰에 내리면

먼 — 곳에 여인의 옷 벗는 소리

희미한 눈발
이는 어느 잃어진 추억의 조각이기에
싸늘한 追悔 이리 가쁘게 설레이느뇨.

한 줄기 빛도 향기도 없이

호올로 차단한 의상을 하고
흰눈은 내려 내려서 쌓여
내 슬픔 그 위에 고이 서리다.

<1938년, 조선일보>

秋日抒情

낙엽은 폴란드 亡命政府의 지폐
砲火에 이즈러진
도룬市의 가을 하늘을 생각케 한다
길은 한 줄기 구겨진 넥타이처럼 풀어져
日光의 폭포 속으로 사러지고
조그만 담배 연기를 내어뿜으며
새로 두 시의 급행차가 들을 달린다
포플라나무의 筋骨 사이로
공장의 지붕은 흰 이빨을 드러내인 채
한 가닥 꾸부러진 鐵柵이 바람에 나부끼고
그 우에 세로팡紙로 만든 구름이 하나
자욱한 풀버레 소래 발길로 차며
호올로 황량한 생각 버릴 곳 없어
허공에 띄우는 돌팔매 하나
기울어진 풍경의 帳幕 저쪽에
고독한 半圓을 긋고 잠기여간다

<1940년, 인문평론>

시를 쓴다는 것이 이미 부질없고나

哭 배인철군

朱安 묘지 산비탈에도 밤벌레가 우느냐
너는 죽어서 그곳에 육신이 슬고
나는 살아서 달을 치어다보고 있다.

가뭄에 들끓는 서울거리에
정다운 벗들이 떠드는 술자리에
애닯다
네 의자가 하나 비어 있고나.

월미도 가차운 선술집이나
미국 가면 하숙한다던 뉴욕 할렘에 가면
너를 만날까
이따라도 '김형 있소' 하고
손창문 마구 열고 들어서지 않을까.

네가 놀러 와 자던 桂洞 집 처마끝에
여름달이 자위를 넘고
밤 바람이 찬 툇마루에서
나 혼자
부질없는 생각에 담배를 피고 있다.

번역한다던
리차드 라잇과 원고지 옆에 끼고
덜렁대는 걸음으로 어델 갔느냐
철쭉꽃 피면
강화섬 가자던 약속도 잊어버리고
좋아하던 존슨 브라운 테일러와
맥주를 마시며
저세상에서도 흑인시를 쓰고 있느냐.

해방 후
수없는 청년이 죽어간 인천땅 진흙밭에
너를 묻고 온 지 스무 날
시를 쓴다는 것이 이미 부질없고나.

<1947년, 신천지>

제 3 부

현한직월진훈민주식민철오철두훈현서운운
상종한목두지　동정　병진인석상광문산하
여김이박박조허윤설상이유배최김김박박한

■ 해 설

1940년대의 시인과 시

최 원 식

　1939년에 『문장』과 『인문평론』, 두 개의 문예지가 창간되어 일제말의 문단을 양분하였다. 처음부터 친일적 성격이 강했던 후자는 1941년 『국민문학』으로 제목을 바꾸어 친일문학의 본산으로서 오욕의 길을 걸은 데 비하여, 전자는 자진폐간으로 조촐히 임종했다. 그 임종은 물론 소극적인 것이지만 거의 모든 문인들이 천황제 파시즘에 열광적으로 투항했던 일제말 우리 문학의 참담한 행태 속에서 그만큼 돋보이는 것이다.

　『문장』을 이끌었던 트로이카는 정지용·이태준·이병기였다. 그 중에서 가람이 정신적 대부였으니, 그는 『문장』에 우리 고전, 특히 전아하고 섬세한 내간체를 집중적으로 소개하였다. 가람의 인도 아래 30년대의 대표적 모더니스트 지용과 상허가 고전에 귀의하였던 것이다. 이 점에서 최재서가 이끌었던 『인문평론』의 서구파적 성격과 선명히 대비된다.

　이 시기의 지용의 시는 「장수산」이나 「백록담」에서 보듯이 산정으로 치달았다. 초기에 바다를 중심 이미지로 삼았던 그는 왜 이 시기에 산정을 집중적으로 사유했을까? 수평적인 것에서 수직적인 것으로, 열린 공간에서 폐쇄적인 공간으로의 이동은 무엇을 뜻하는 것일까?

　시름은 바람도 일지 않는 고요에 심히 흔들리우노니 오오 견디란
다 차고 兀然히 슬픔도 꿈도 없이 장수산 속 겨울 한밤내
　　　　　　　　　　　　　　　　　──「장수산 1」 부분

　인간적인 것을 철저히 사상(捨象)함으로써 획득되는 이 산정의 정
신은 "오오 견디란다"에 그 핵심이 있다. 이 낮은 신음은 천황제 파
시즘의 가공할 압박 앞에 선 시인의 올연한 자기단련이었던 것이다.
　그런데 이 산정의 정신은 이육사가 도달한 고원(高原)의 정신과는
질을 달리하고 있다. 서릿발 칼날진 절정에 서서 육사는 가혹한 균형
에 도달하였다.

　　겨울은 강철로 된 무지갠가 보다
　　　　　　　　　　　　　　　　　──「절정」 부분

　일찍이 김종길 교수가 "비극적 황홀"이라고 명명한 바 있는 이 이
미지는 광물질의 견고함 속에서도 눈부시게 인간적이다. 저항도 투항
도 아닌 내면적 망명의 길을 택했던 지용과 추락의 유혹을 차마 떨치
고 해방운동에 자신을 끊임없이 내세웠던, 그리하여 마침내 옥사의
길을 택한 육사는 이만큼 다른 것이다.
　"무시무시한 고독에서 죽었구나! 29세가 되도록 시도 발표하여본
적도 없이!"라고 정지용이 탄식했던 윤동주의 길은 지용·육사와 또
구별된다. 그는 육사처럼 옥사했지만 구체적인 저항운동에 참여한 결
과로서 그리 된 것은 아니다. 흔히 그의 시의 근원을 부끄러움이라고
이른다. 간도에서 태어나 식민통치의 중추 서울로, 다시 적국 일본으
로 유학에 올랐던 그는 파시즘의 진군 앞에 속절없이 무력한 자신의
삶의 굴욕을 진정으로 괴로워했다. 인간적인 너무나 인간적이었던 것
이다. 그렇다고 해서 동주를 단지 부끄러움의 시인으로만 규정할 수
는 없다. 가령 「십자가」의 한 대목을 보자.

괴로왔던 사나이,
행복한 예수 그리스도에게
처럼
십자가가 허락된다면

목아지를 드리우고
꽃처럼 피어나는 피를
어두워가는 하늘 밑에
조용히 흘리겠습니다.

이 점이 바로 지용과 다르다. 윤동주는 언제든지 자신의 목숨을 바칠 각오를 벼리고 있었던 것이다. 그의 옥사는 일종의 비명횡사였지만 그럼에도 자신의 죽음을 결코 후회하지 않았음을 믿어 의심치 않는다.

지용 · 육사 · 동주는 분명 일제말의 친일시의 오욕 속에서 우리 시의 자존심을 대표하는 청신한 물줄기였다. 그런데 당시 시단을 현상적으로 관찰할 때 육사와 동주는 일종의 주변부였으니, 일제말의 시단은 지용의 강력한 자장 아래 놓여 있었다.

지용의 추천으로 『문장』을 통해서 김종한 · 이한직 · 박남수 · 박두진 · 박목월 · 조지훈 등 재능있는 신인들이 대거 배출되었다. 김종한 · 이한직 · 박남수가 지용의 모더니스트적 일면을 계승했다면 박두진 · 박목월 · 조지훈은 지용의 고전파적 일면을 이어받았다. 사실 지용은 간단히 한 유파로 밀어버릴 수 없는 시인이다. 어떤 때는 일류의 모더니스트 같고 또 어떤 때는 지독한 고전파 같고 또 어떤 때는 침통한 사회파 같기도 하다. 이 점에서 지용 시의 한끝을 예리하게 발전시킨 이 신인들의 시세계는 일견 안이한 바가 없지 않은데, 그중 "동원에 피어오르는／한떨기 아름다운／백합꽃"(「높새가 불면」)을 꿈꾸었던 이한직이 지용의 높이에 근접했다고 할까?

그런데 지용의 자장 바깥에 새로운 시가 태동하고 있었음을 주목해야 한다. 상민의 「근거지」가 그것이다. 이 시는 물론 해방 후에 발표되었지만 원래는 1944년 12월에 씌어졌다. 경기도와 강원도의 접경지에 웅거한 발군산의 협동당 별동대에 투신한 경험을 노래한 이 시는 해방 후 우리 시의 전개방향을 또렷이 예언하고 있는 것이다.

해방이 되자 우리 문단은 좌파의 조선문학가동맹과 우파의 전조선 문필가협회라는 두 축을 중심으로 급속하게 재편되었다. 그런데 여기서 조선문학가동맹이 단순히 식민지시대 카프의 연장은 아니었다는 점에 주목해야 한다. 이태준·정지용·김기림·이원조 등 비(非)카프계의 문인들이 핵심적으로 참여하였으니, 조선문학가동맹은 우리 문학사상 처음으로 이루어진 좌우합작 문인조직이었던 것이다. 물론 이 합작조직은 남북분단이 고착되는 상황 속에서 오로지 좌파로 규정받기에 이르렀지만, 애초에는 일제시대의 민족협동전선체인 신간회의 구상과 근사하였다.

자주적 통일국가를 건설하고자 하는 전민족적 열망 속에서 우리 시는 혁명적 변화를 맞이하게 된다. 좌우파를 막론하고 우리 시사에서 이때만큼 시와 정치가 예민하게 맞물렸던 적은 없었기 때문이다. 이 속에서 학병세대라고 부를 수 있는 신인들이 대거 등장하였다.

학병에 끌려갔다가 생환했건 학병을 거부하고 입산했건 일제말의 암흑기를 온몸으로 감당하고 해방을 맞은 이 세대는 다스릴 수 없는 열정에 자신을 거침없이 내맡기고 꽃처럼 산화했다.

> 조국이여
> 이리 가까이
> 바듯 다가오시라
>
> ──── 유진오, 「나의 거리」 부분

조국에 대한 젊은 시인들의 이처럼 순결한 헌신에도 불구하고 냉전체제는 이 땅의 허리를 조이고 관철되었으니, 이병철의 「나막신」은 우리를 가슴 아프게 한다.

은하 푸른 물에 머리 좀 감아 빗고
달 뜨걸랑 나는 가련다
목숨 '壽'자 박힌 정한 그릇으로
체할라 버들잎 띄워 물 좀 먹고
달 뜨걸랑 나는 가련다
삽살개 앞세우곤 좀 쓸쓸하다만
고운 밤에 딸그락 딸그락
달 뜨걸랑 나는 가련다

  그들은 이처럼 역사 속으로, 분단과 6·25의 전화를 향해 딸그락
딸그락 실종되었지만 우리 가슴에 묻은 그들의 뜨거운 노래는 한 시
대를 명징히 증거하고 있다.

여 상 현

榮 山 江

진달래 뿌리를 스쳐
가난한 마을의 土墻을 돌아
열두 골 샅샅이 모여든
영산강 오백리 서러운 가람아

먼 天心처럼 푸르고
어질디어진 청춘의 마음인 듯
푸른 바다로 푸른 바다로 가는 길이기에
밤낮없이 흘러가며
하냥 여울져 가느다란 경련을 일으킴이여

봉건의 티끌 처마 밑마다 쌓여 있고
제국주의 외적의 탯줄을 붙들어
지극히 영특한 '뿌르'의 웅거지
여기 전라도 부호가 사시고
여기 또 전라도 소작인, 선비의 자식, 상놈
사철 검정 무명치마의 가시내도 무수히 산다

소리 잘한다는 전라도 사람
北間島며 大阪이며 지향없이 떠나갔던 이민들

소리도 없이 흐느꼈던 눈물에 섞여
굽이굽이 영산강은 흘러가는 것이다

한발과 홍수의 天災를 뉘 원망하랴
東拓의 손아귀를 뉘 막어내랴
왜병의 얕은 예측 상륙상전은 더구나 무서운 전율의 백일몽
이었던가
돈이요 논이요 중추원 참의라
쇠잔한 목숨들은
사뭇 궁하면 병사계 면서기 성님이라도 있어야 했다

기름진 국토, 늘어가는 헐벗은 계급이 있어
산에 올라 사슴도 될 수 없고
때론 풀 뜯는 송아지 뛰는 물고기도 부러운
인생의 크나큰 설움에
바다로 푸른 바다로 모두가 해방을 찾었다

오 얼마나 목메어 찾던 해방이었던가
바둑돌과 절벽 밑을
크고 작은 들판과 얼음짱 밑을 감돌아
영산강 줄기찬 물결을 모르랴마는
바다는 아직도 저 먼 곳에 있음인가
진정 눈앞에 해방이 없다

가을 햇볕에 항쟁의 피도 엉키었고
왜적과 더불어 호화롭던 놈이
또한 호화로운 외출이 잦어도

담양 죽세공, 화순 탄광부, 나주 소반공
도적이 버리고 간 옛땅만 바라볼 뿐인 무수한 농민들

봄이 오면 제비 날으고
풀뿌리 캐서 연명할 서름
열두 골 줄기줄기 모어든
예나 다름없는 영산강 오백리 서러운 가람이여

<1947년, 신천지>

김 종 한

낡은 우물이 있는 風景

능수버들이 지키고 섰는 낡은 우물가
우물 속에는 푸른 하늘 조각이 떨어져 있는 閏四月

── 아주머님
지금 울고 있는 저 버꾸기는 작년에 울던 그놈일까요?
조용하신 당신은 박꽃처럼 웃으시면서

드레박을 넘쳐 흐르는 푸른 하늘만 길어 올리시네
드레박을 넘쳐 흐르는 푸른 傳說만 길어 올리시네

언덕을 넘어 황소의 울음소리도 흘러 오는데
── 물동이에서도 아주머님 푸른 하늘이 넘쳐 흐르는구려
<1937년, 조선일보>

故園의 詩

밤은 마을을 삼켜버렸는데

개고리 울음소리는 밤을 삼켜버렸는데
하나 둘…… 등불은 개구리 울음소리 속에 달린다

이윽고 주정뱅이 보름달이 빠져나와
銀으로 칠한 風景을 吐하다.

<1939년, 문장>

이 한 직

駱　駝

눈을 감으면

어린 때 선생님이 걸어오신다.
회차리를 드시고

선생님은 낙타처럼 늙으셨다.

늦은 봄 햇살을 등에 지고
낙타는 항시 추억한다
──── 옛날에 옛날에 ────

낙타는 어린 때 선생님처럼 늙었다.

나도 따듯한 봄볕을 등에 지고
금잔디 위에서 낙타를 본다.

내가 여읜 동심의 옛 이야기가
여기 저기
떨어져 있음직한 동물원의 오후.

<1939년, 문장>

높새가 불면

높새가 불면
唐紅연도 날으리

향수는 가슴 깊이 품고

참대를 꺾어
지팡이 짚고

짚풀을 삼어
짚세기 신고

다시는 돌아오지 않을
슬프고 고요한
길손이 되오리

높새가 불면
黃나비도 날으리

생활도 갈등도
그리고 산술도
다아 잊어버리고

白樺를 깎어
墓標를 삼고

凍原에 피어오르는
한떨기 아름다운
백합꽃이 되오리

높새가 불면

<1940년, 문장>

박 목 월

靑 노 루

머언 산 靑雲寺
낡은 기와집

산은 紫霞山
봄눈 녹으면

느릅나무
속잎 피어가는 열두 굽이를

靑노루
맑은 눈에

도는
구름

<1946년, 합동시집 『청록집』>

갑사댕기

안개는 피어서
江으로 흐르고

잠꼬대 구구대는
밤 비둘기

이런 밤엔 저절로
머언 처녀들……

갑사댕기 남끝동
삼삼하고나

갑사댕기 남끝동
삼삼하고나

<1946년, 합동시집 『청록집』>

나 그 네

―― 술 익는 강마을의
　　서녁 노을이여 ――芝薰

江나루 건너서
밀밭 길을

구름에 달 가듯이
가는 나그네

길은 외줄기
南道 三百里

술 익는 마을마다
타는 저녁 놀

구름에 달 가듯이
가는 나그네

<1946년, 상아탑>

家　庭

地上에는
아홉 켤레의 신발.
아니 현관에는 아니 들깐에는
아니 어느 시인의 가정에는
알전등이 켜질 무렵을
文數가 다른 아홉 켤레의 신발을.

내 신발은
십구 문 반.
눈과 얼음의 길을 걸어,
그들 옆에 벗으면
육 문 삼의 코가 납짝한
귀염둥아 귀염둥아
우리 막내둥아.

미소하는
내 얼굴을 보아라.
얼음과 눈으로 벽을 짜 올린
여기는 地上
憐憫한 삶의 길이여.
내 신발은 십구 문 반.

아랫목에 모인
아홉 마리의 강아지야,
강아지 같은 것들아.
굴욕과 굶주림과 추운 길을 걸어
내가 왔다.
아버지가 왔다.
아니 십구 문 반의 신발이 왔다.
아니 地上에는
아버지라는 어설픈 것이
존재한다.
미소하는
내 얼굴을 보아라.

<1964년, 시집 『청담』>

離 別 歌

뭐락카노, 저편 강기슭에서
니 뭐락카노, 바람에 불려서

이승 아니믄 저승으로 떠나는 뱃머리에서
나의 목소리도 바람에 날려서

뭐락카노 뭐락카노

썩어서 동아밧줄은 삭아내리는데

하직을 말자 하직 말자
인연은 갈밭을 건너는 바람

뭐락카노 뭐락카노 뭐락카노
니 흰 옷자라기만 펄럭거리고……

오냐. 오냐. 오냐.
이승 아니믄 저승에서라도……

이승 아니믄 저승에서라도
인연은 갈밭을 건너는 바람

뭐락카노, 저편 강기슭에서
니 음성은 바람에 불려서

오냐. 오냐. 오냐.
나의 목소리도 바람에 날려서.

<1968년, 시집 『경상도의 가랑잎』>

박 두 진

墓 地 頌

北邙이래도 금잔디 기름진데 동그만 무덤들 외롭지 않어이.

무덤 속 어둠에 하이얀 髑髏가 빛나리. 향기로운 주검읫내도 풍기리.

살아서 설던 주검 죽었으매 이내 안 서럽고, 언제 무덤 속 화안히 비춰줄 그런 태양만이 그리우리.

금잔디 사이 할미꽃도 피었고 삐이 삐이 배, 뱃종! 뱃종! 멧새들도 우는데 봄볕 포근한 무덤에 주검들이 누웠네.

<1939년, 문장>

靑 山 道

산아. 우뚝 솟은 푸른 산아. 철철철 흐르듯 짙푸른 산아. 숱한 나무들, 무성히 무성히 우거진 산마루에, 금빛 기름진 햇살은 내려오고, 둥둥 산을 넘어, 흰구름 건넌 자리 씻기는 하늘.

사슴도 안 오고 바람도 안 불고, 넘엇골 골짜기서 울어 오는
뻐꾸기……

산아. 푸른 산아. 네 가슴 향기로운 풀밭에 엎드리면, 나는
가슴이 울어라. 흐르는 골짜기 스며드는 물소리에, 내사 줄줄
줄 가슴이 울어라. 아득히 가버린 것 잊어버린 하늘과, 아른아
른 오지 않는 보고 싶은 하늘에, 어쩌면 만나도 질 볼이 고운
사람이, 난 혼자 그리워라. 가슴으로 그리워라.

티끌 부는 세상에도 벌레 같은 세상에도 눈 맑은, 가슴 맑
은, 보고지운 나의 사람. 달밤이나 새벽녘, 홀로 서서 눈물 어
릴 볼이 고운 나의 사람. 달 가고, 밤 가고, 눈물도 가고, 틔
어 올 밝은 하늘 빛난 아침 이르면, 향기로운 이슬밭 푸른 언
덕을, 총총총 달려도 와줄 볼이 고운 나의 사람.

푸른 산 한나절 구름은 가고, 골 넘어, 골 넘어, 뻐꾸기는
우는데, 눈에 어려 흘러가는 물결 같은 사람 속, 아우성쳐 흘
러가는 물결 같은 사람 속에, 난 그리노라. 너만 그리노라. 혼
자서 철도 없이 난 너만 그리노라.

<1947년, 서울신문>

道 峯

山새도 날아와

우짖지 않고,

구름도 떠가곤
오지 않는다.

인적 끊인 곳,
홀로 앉은
가을 山의 어스름.

호오이 호오이 소리 높여
나는 누구도 없이 불러보나,

울림은 헛되이
빈 골 골을 되돌아올 뿐.

山그늘 길게 늘이며
붉게 해는 넘어가고

황혼과 함께
이어 별과 밤은 오리니,

生은 오직 갈사록 쓸쓸하고,
사랑은 한갓 괴로울 뿐.

그대 위하여 나는 이제도 이
긴 밤과 슬픔을 갖거니와,

이 밤을 그대는 나도 모르는
어느 마을에서 쉬느뇨.

<1946년, 합동시집 『청록집』>

해

해야 솟아라, 해야 솟아라. 말갛게 씻은 얼굴 고운 해야 솟
아라. 산 너머 산 너머서 어둠을 살라 먹고, 산 너머서 밤새도
록 어둠을 살라 먹고, 이글이글 애띤 얼굴 고운 해야 솟아라.

달밤이 싫어, 달밤이 싫어, 눈물 같은 골짜기에 달밤이 싫
어, 아무도 없는 뜰에 달밤이 나는 싫어……

해야, 고운 해야, 늬가 오면, 늬가사 오면, 나는 나는 청산
이 좋아라. 훨훨훨 깃을 치는 청산이 좋아라. 청산이 있으면
홀로라도 좋아라.

사슴을 따라 사슴을 따라, 양지로 양지로 사슴을 따라, 사슴
을 만나면 사슴과 놀고,

칡범을 따라 칡범을 따라, 칡범을 만나면 칡범과 놀고……

해야, 고운 해야, 해야 솟아라. 꿈이 아니라도 너를 만나면,
꽃도 새도 짐승도 한자리 앉아, 위어이 위어이 모두 불러 한자

리 앉아, 애띠고 고운 날을 누려보리라.

<1946년, 상아탑>

碑

　—— 한 마리만 푸른 새가 날아 오르라. 碑. ……한 마디만 길다랗게 소릴 뽑으라.

　천년 이천년을 삼천년을 조으는 것, 이끼마다 눈이 되어 꽃 잎으로 펴라. 이슬처럼 꽃잎마다 녹아 흐르면, 아득한 하늘 밖 에 별이 내린다.

　碑. 오오, 돌. ……무엇을 呼吸는가. 오래 숨이 겹쳐지면 깃 쭉지가 돋는가. 목을 뽑아 학처럼 구름 밖도 나는가. 비바람과 눈포래와 내려쬐는 또약볕. 미쳐 뛰는 세월들이 못을 박는다. 징을 박는다.

　—— 月光. ……또는, 별이 글성 배어 내려, 거울처럼 맑아 지면 다시 네게 오마. 넌즛 한번 내어밀어 손을 쥐어다오. 벌 에 혼자 너를 두고 홀홀 내가 간다.

<1953년, 시집『오도』>

조 지 훈

古風衣裳

하늘로 날을 듯이 길게 뽑은 부연 끝 풍경이 운다.
처마끝 곱게 늘이운 주렴에 半月이 숨어
아른아름 봄밤이 두견이 소리처럼 깊어가는 밤
곱아라 고아라 진정 아름다운지고
파르란 구슬빛 바탕에
자짓빛 호장을 받친 호장저고리
호장저고리 하얀 동정이 환하니 밝도소이다.
살살이 퍼져나린 곧은 선이
스스로 돌아 곡선을 이루는 곳
열두 폭 기인 치마가 사르르 물결을 친다.
초마 끝에 곱게 감춘 雲鞋 唐鞋
발자취 소리도 없이 대청을 건너 살며시 문을 열고
그대는 어느 나라의 고전을 말하는 한 마리 蝴蝶
蝴蝶이냥 사푸시 춤을 추라 아미를 숙이고……
나는 이 밤에 옛날에 살아
눈 감고 거문고 줄 골라보니
가는 버들이냥 가락에 맞추어
흰 손을 흔들어지이다.

<1939년, 문장>

落　花

꽃이 지기로소니
바람을 탓하랴.

주렴 밖에 성긴 별이
하나 둘 스러지고

귀촉도 울음 뒤에
머언 산이 다가서다.

촛불을 꺼야 하리
꽃이 지는데

꽃 지는 그림자
뜰에 어리어

하이얀 미닫이가
우련 붉어라.

묻혀서 사는 이의
고운 마음을

아는 이 있을까
저허하노니

꽃이 지는 아침은
울고 싶어라.

<1946년, 합동시집 『청록집』>

玩 花 衫
—— 木月에게

차운산 바위 우에 하늘은 멀어
산새가 구슬피 울음 운다.

구름 흘러가는
물길은 七百里

나그네 긴 소매 꽃잎에 젖어
술 익는 강마을의 저녁 노을이여.

이 밤 자면 저 마을에
꽃은 지리라

다정하고 한 많음도 병이냥 하여

달빛 아래 고요히 흔들리며 가노니……

<1946년, 상아탑>

僧　舞

얇은 紗 하이얀 고깔은
고이 접어서 나빌네라.

파르라니 깎은 머리
薄紗 고깔에 감추오고

두 볼에 흐르는 빛이
정작으로 고아서 서러워라.

빈 臺에 黃燭불이 말없이 녹는 밤에
오동잎 잎새마다 달이 지는데

소매는 길어서 하늘은 넓고
돌아설 듯 날아가며 사뿐이 접어 올린 외씨보선이여.

까만 눈동자 살포시 들어
먼 하늘 한 개 별빛에 모도우고

복사꽃 고운 뺨에 아롱질 듯 두 방울이야

세사에 시달려도 번뇌는 별빛이라

휘여져 감기우고 다시 접어 뻗는 손이
깊은 마음속 거룩한 합장이냥하고

이밤사 귀또리도 지새는 삼경인데
얇은 紗 하이얀 고깔은 고이 접어서 나빌네라.

<1939년, 문장>

풀잎 斷章

무너진 성터 아래 오랜 세월을 풍설에 깎여온 바위가 있다.
아득히 손짓하며 구름이 떠가는 언덕에 말없이 올라서서
한줄기 바람에 조찰히 씻기우는 풀잎을 바라보며
나의 몸가짐도 또한 실오리 같은 바람결에 흔들리노라.
아 우리들 태초의 생명의 아름다운 분신으로 여기 태어나
고달픈 얼굴을 마주 대고 나직이 웃으며 얘기하노니
때의 흐름이 조용히 물결치는 곳에 그윽히 피어오르는 한떨
기 영혼이여.

<1952년, 시집 『풀잎 단장』>

허   민

夜 山 路

산과 어둠이 가로막는 골에
도까비불처럼 반딧불만 나서느냐

이 길은 북으로 큰 재를 넘어야
京釜線 金泉까지 사뭇 百餘里!

우중충한 하늘이라 북극성도 안 보이고
그 가시내 생각마저 영영 따라오질 않어

이럴 땐 제발 듣기 싫던 육자배기라도 배웠더라면
소장사 내 팔자로 행이 좋았으리라만,

호젓한 품으로 스며드는 밤바람에
엊그제 그 주막 돗자리방이 어른거린다

너도 못난 주인을 따라 울고 싶지 않더냐
방울소리 죽이며 걸어가는 이 짐승아!

산턱엔 청승궂은 소쩍새 울고
초롱불 쥔 손등에 비가 듣는다   <1940년, 문장>

윤 동 주

序　　詩

죽는 날까지 하늘을 우러러
한점 부끄럼이 없기를,
잎새에 이는 바람에도
나는 괴로와했다.
별을 노래하는 마음으로
모든 죽어가는 것을 사랑해야지
그리고 나한테 주어진 길을
걸어가야겠다.

오늘밤에도 별이 바람에 스치운다.

<1948년, 시집 『하늘과 바람과 별과 시』>

자 화 상

　산모퉁이를 돌아 논가 외딴 우물을 홀로 찾아가선 가만히 들
여다봅니다.

　우물 속에는 달이 밝고 구름이 흐르고 하늘이 펼치고 파아란 바람이 불고 가을이 있습니다.

　그리고 한 사나이가 있습니다.
　어쩐지 그 사나이가 미워져 돌아갑니다.

　돌아가다 생각하니 그 사나이가 가엾어집니다. 도로 가 들여다보니 사나이는 그대로 있습니다.

　다시 그 사나이가 미워져 돌아갑니다.
　돌아가다 생각하니 그 사나이가 그리워집니다.

　우물 속에는 달이 밝고 구름이 흐르고 하늘이 펼치고 파아란 바람이 불고 가을이 있고 추억처럼 사나이가 있습니다.

<1948년, 시집 『하늘과 바람과 별과 시』>

肝

바닷가 햇빛 바른 바위 우에
습한 간을 펴서 말리우자,

코카사쓰 산중에서 도망해온 토끼처럼
둘러리를 빙빙 돌며 간을 지키자,

내가 오래 기르던 여윈 독수리야!
와서 뜯어 먹어라, 시름없이

너는 살지고
나는 여위어야지, 그러나,

거북이야!
다시는 용궁의 유혹에 안 떨어진다.

프로메테우스 불쌍한 프로메테우스
불 도적한 죄로 목에 맷돌을 달고
끝없이 침전하는 프로메테우스.

<1948년, 시집 『하늘과 바람과 별과 시』>

十 字 架

쫓아오던 햇빛인데
지금 교회당 꼭대기
십자가에 걸리었습니다.

첨탑이 저렇게도 높은데
어떻게 올라갈 수 있을까요.

종소리도 들려오지 않는데

휘파람이나 불며 서성거리다가,

괴로왔던 사나이,
행복한 예수 그리스도에게
처럼
십자가가 허락된다면

목아지를 드리우고
꽃처럼 피어나는 피를
어두워가는 하늘 밑에
조용히 흘리겠습니다.

<1948년, 시집『하늘과 바람과 별과 시』>

또 다른 故鄕

고향에 돌아온 날 밤에
내 백골이 따라와 한방에 누웠다.

어둔 방은 우주로 통하고
하늘에선가 소리처럼 바람이 불어온다.

어둠 속에 곱게 풍화작용하는
백골을 들여다보며
눈물짓는 것이 내가 우는 것이냐

백골이 우는 것이냐
아름다운 혼이 우는 것이냐

지조 높은 개는
밤을 새워 어둠을 짖는다.

어둠을 짖는 개는
나를 쫓는 것일 게다.

가자 가자
쫓기우는 사람처럼 가자
백골 몰래
아름다운 또 다른 고향에 가자.

<1948년, 시집 『하늘과 바람과 별과 시』>

별 헤는 밤

계절이 지나가는 하늘에는
가을로 가득 차 있습니다.

나는 아무 걱정도 없이
가을 속의 별들을 다 헤일 듯합니다.

가슴 속에 하나 둘 새겨지는 별을

이제 다 못 헤는 것은
쉬이 아침이 오는 까닭이요,
내일 밤이 남은 까닭이요,
아직 나의 청춘이 다하지 않은 까닭입니다.

별 하나에 추어끼
별 하나에 사랑과
별 하나에 쓸쓸함과
별 하나에 동경과
별 하나에 시와
별 하나에 어머니, 어머니,

어머님, 나는 별 하나에 아름다운 말 한마디씩 불러봅니다.
소학교 때 책상을 같이했던 아이들의 이름과, 佩, 鏡, 玉 이런
이국 소녀들의 이름과, 벌써 애기 어머니가 된 계집애들의 이
름과, 가난한 이웃 사람들의 이름과, 비둘기, 강아지, 토끼,
노새, 노루, 프랑시스 잠, 라이너 마리아 릴케 이런 시인의 이
름을 불러봅니다.

이네들은 너무나 멀리 있습니다.
별이 아슬히 멀듯이,

어머님,
그리고 당신은 멀리 북간도에 계십니다.

나는 무엇인지 그리워
이 많은 별빛이 내린 언덕 위에

내 이름자를 써 보고,
흙으로 덮어버리었습니다.

딴은 밤을 새워 우는 벌레는
부끄러운 이름을 슬퍼하는 까닭입니다.

그러나 겨울이 지나고 나의 별에도 봄이 오면
무덤 위에 파란 잔디가 피어나듯이
내 이름자 묻힌 언덕 위에도
자랑처럼 풀이 무성할 게외다.

<1948년, 시집 『하늘과 바람과 별과 시』>

쉽게 씌어진 詩

창밖에 밤비가 속살거려
六疊房은 남의 나라,

시인이란 슬픈 천명인 줄 알면서도
한 줄 시를 적어볼까,

땀내와 사랑내 포근히 품긴
보내주신 학비봉투를 받어
대학 노트를 끼고
늙은 교수의 강의 들으러 간다.

생각해보면 어린 때 동무를
하나, 둘, 죄다 잃어버리고

나는 무얼 바라
나는 다만, 홀로 침전하는 것일까?

인생은 살기 어렵다는데
시가 이렇게 쉽게 씌어지는 것은
부끄러운 일이다.

六疊房은 남의 나라
창밖에 밤비가 속살거리는데,

등불을 밝혀 어둠을 조곰 내몰고,
시대처럼 올 아침을 기다리는 최후의 나,

나는 나에게 적은 손을 내밀어
눈물과 위안으로 잡은 최초의 악수.
<1948년, 시집 『하늘과 바람과 별과 시』>

懺 悔 錄

파란 녹이 낀 구리거울 속에

내 얼골이 남아 있는 것은
어느 왕조의 유물이기에
이다지도 욕될까.

나는 나의 참회의 글을 한 줄에 줄이자.
── 만 이십사 년 일 개월을
　　무슨 기쁨을 바라 살아왔는가.

내일이나 모레나 그 어느 즐거운 날에
나는 또 한 줄의 참회록을 써야 한다.
── 그때 그 젊은 나이에
　　왜 그런 부끄런 고백을 했던가.

밤이면 밤마다 나의 거울을
손바닥으로 발바닥으로 닦아보자.

그러면 어느 隕石 밑으로 홀로 걸어가는
슬픈 사람의 뒷모양이
거울 속에 나타나온다.

<1948년, 시집 『하늘과 바람과 별과 시』>

설 정 식

달

바람이
모든 꽃의 절개를 지키듯이
그리고 모든 열매를 주인의 집에 안어들이듯이
아름다운 내 피의 순환을 다스리는
너 태초의 약속이여
그믐일지언정 부디
내 품에 안길 사람은 잊지 말어다오
잎새라 가장귀라 불고 지나가도 종내사
열매에 잠드는 바람같이
바다를 쓸고 밀어 다스리는
너 그믐밤을 가로맡은 섭리여
그 사람마자 나를 버리더라도 부디
아름다운 내 피에 흘러들어와
함께 잠들기를 잊지 말어다오

<1947년, 시집 『종』>

상   민

어 머 니

사람의 물결 뒤설레는
여기 종로 네거리에서
이렇게 홀하게
오늘도 당신을 보내야 합니다

삼십 먹은 자식이
자꾸 어려만 보여
망설여 돌아보는 짓무른 눈엔
항시 인민의 대열을 따라가는
아들의 운명 앞에 놓인 공포가
깃들어 사라지지 않습니다

나의 망명과 감옥살이에서
허연 귀밑머리 부쩍 늘어가고
귤껍질같이 주름살이 잡힌 어머니

허리가 아퍼 영 다니질 못하겠다면서
무엇을 하고 있는지 모르는 그러나
무언지 하고 있을 것만은 틀림없는 아들이기에
오늘도 당신은 그 먼데서

쌀과 옷가지를 날라다 주어야 합니다

양식 빼앗기고
철늦은 자식마저 앗이울 뻔한
뼈저리게 겪어온 살림살이에서
혁명이 무언지 그런 것은 알 리 없어도
그저 젊은 놈을 따라가야 한다고
완고한 아버지와
담뱃대를 분질러가며 싸웠다는 이야기를
나는 몇 번이나 들었습니다

어머니의 근심과 망설이는 발은
나의 일을 방해하지 않습니다
후면진 골목과 뒷방 구석을 찾어다니며
그러기에 나의 일은 더욱 자랑스럽고
나의 길 앞에 항상 태양이 빛나는 것을
당신은 아십니까?

아아 조선의 모든 어머니의 눈에 깃들인
세상에 대한 불안과
아들의 운명에 대한 공포를 씻기 위해
당신을 역에까지 보내 드리지 못하고
오늘도 나는 이렇게 바빠야 합니다

<1948년, 시집 『옥문이 열리던 날』>

根 據 地

發軍山 허리에 굴을 팠다
이것은 흰옷 입은 빨치산의 살 집
자작나무 아람도리 등거력을 찍어
들보를 얹었다

대원 사십 명은
모두 천대받는 농민의 아들들
항시 우리는 눌리어만 살 것이냐
태양 없는 이 땅에
피를 흘려
새 아침을 맞자는 것이다

양식도 없거니와
연기를 내서는 안되는 사정에
좁쌀 가루로 끼를 이우고
근거지엔 사람을 꺼려
영웅고개에 파수를 세웠다

조선독립이란 듣는 것도 무서웠는데
단파는 없으나마
칠십리 밖에서 가져온 신문지 조각에

국제 정세를 엿보며
공출 징용 반대와
민족해방을 의논하고

유격 훈련의 밤
눈에 덮인 등생이를
산짐생처럼 기어 달리며
금시 우리 주먹에
일본이 망할 것만 같았다

새소리 끊인 밋골
깊은 겨울, 발이 얼어 터져도
魔手에 잠긴 機構를 부시자는
반항의 아우성이 산울림을 한다

(1944년 12월에 쓴 舊稿)

<1948년, 신인>

이 병 철

뒷골목이 트일 때까지

또다시 뒷골목으로 숨어다녀야 하는
우리 서로 조심스런 길머리에서
가끔 손에서 퇴비 냄새가 나는 시굴친구들을 만난다.

나의 아우와 아우의 어진 동무들과 그리고
끼니 때마다 아비를 찾는다는 어린것의 엄마까지를
삼팔식 보병총으로 앗아갔다는데
아— 나는 불기둥처럼 서서 엉엉 울어야만 하는 것일까.

참나무 빗장을 여닫을 때마다 강아지만한 무쇠 자물쇠 여닫
는 소리마다
하나씩 이슬처럼 사라지는 사람들 눈망울마다
눈망울마다 감고 간 원수의 모습을 나는 잊지 않으리.

너희들 매운 채찍에 멍들어 쩔름거리는
젊음을 오히려 시퍼러니 앞세우고
나는 간다 뒷골목이 트일 때까지 나는 간다

<1947년, 사화집 『조선시집』>

나 막 신

은하 푸른 물에 머리 좀 감아 빗고
달 뜨걸랑 나는 가련다
목숨 '壽'자 박힌 정한 그릇으로
체할라 버들잎 띄워 물 좀 먹고
달 뜨걸랑 나는 가련다
삽살개 앞세우곤 좀 쓸쓸하다만
고운 밤에 딸그락 딸그락
달 뜨걸랑 나는 가련다

<발표 연대 미상>

유 진 오

불　길

그리운 사람이 있음으로 해
더 한층 쓸쓸해지는 겨울밤인가보다

내사 퍽이나 무뚝뚝한 사나이
그러나 마음속 숨은 불길이
사뭇 치밀려오면
하늘도 땅도 불꽃에 쌓인다

아마 이 불길이 너를 태우리라
이 불길로 해
나는 쓸쓸하고
안타까운 밤은 숨막힐 듯 기인가보다

불길이 스러진 뒤엔
재만 남을 뿐이라고
유식한 사람들은 말하더라만

더러운 돼지 구융같이 더러운 것
징글맞게 미운 것들을
모조리 집어생키는 불길!

이것은 승리가 아니고 무엇이냐

나는 일찍이 이렇게
신명나는 그리고 아름다운
불길을 사랑한다

낡은 도덕이나
점잖은 이성은 가르친다
그것은 너무나 두렵고
위험하지 않느냐고

어리석은 사람아
싸늘한 이성 뒤에 숨은
네 거짓과 비겁을
허물치 말까보냐

네가 생각지도 못한
꿈조차 꿀 수 없는 그런 것!
젊은이 가슴에 손에 담겨서
그득히 앞으로만 향해 간다

외곬으로 타는 마음이 있어
괴로운 밤
나의 사랑 나의 자랑아
나는 불길에 쌓여버린다

<1948년, 시집 『창』>

나의 거리

자갈 파묻힌
정다운 거리
너는 나의 고향

눈길 자욱자욱
자욱은 없어도
담이란 담
전신주 잔등마다에
밤 사이 총총히 서리운
피맺힌 글발이 있어
떨리는 거리

봄
아직은 멀어도
조국의 오늘날이
슬프진 않다

밤마다 바람결에
잠 못 들 양이면
항거하는 숨결이
가슴에 어려

피맺힌 글발이 있어
떨리는 밤 사이
숨은 자랑이 늘어가는
나의 거리여

조국이여
이리 가까이
바뜻 다가오시라

<1948년, 신인>

배 인 철

흑 인 녀

그렇다
네 아름다운 고향 산과 들
한번 백인의 노예선 찾아간 다음——
이제는 정다이 흐르는 나일강 저녁이 오면
바람 속에 노래 부르는
아아 자연 그대로의 樹木 같은 아가씨

뉴욕 거리에, 시카고에, 시애틀에
아니 항구마다 길이 뚫린
촌 주막 뒷거리에서도
고향 잃은 딸이여
시퍼런 눈알 무지한 사나이
술취한 힐쓱한 허연 놈에게
값싼 알콜에 네 살결 맡기는구나

넓은 들판에 달빛 젖은
싱싱한 나무
늬들의 노래 들리지 않느냐
네 누이와 어린 동생마저
굵다란 쇠사슬 늘이어

장날이면 암소와 함께 남긴
에이, 그놈들 노예상까지도

아니다, 아니, 그런 것이 아닐 것이다
달 솟는 밤이면
홧김에 술이래도 퍼부어가지고
달이래도 솟는 밤이면

……내 더운 찌는 듯한 밭과 들
그러나 미칠 듯이 사모치는
고향 아프리카야 !
야자숲 서 있는 냇가에는
아이들이 흐르는 별을 쫓는구나
아아 이놈들의 원수를 언제나

유리야 !
막상 알고 보면 너도 이런 것에 하나이다
뉴기니, 하와이, 필리핀
누구를 위하여 돌아다니며
짓밟힌 몸이냐

이 땅에서도 우리의 누이들
낯설은 異土에서
원수에게 꺾인 꽃들이
해방이 되었다는 고향에
다시금 창살 없는 우리에
네 몸을 함부로 던지는구나

아프리카 깊숙한 삼림서 풍기는
그윽한 이름
유리야여 !
새로운 생활을 위하여 동무들과
함께 싸우지 않은 날
비 쏟는 밤거리 아니 눈발치는
길거리마닥
수천의 유리야, 수십만의 유리야가
온세계 흩어져 운다.

<1947년, 백제>

최 석 두

산   길

산토끼와 너구리와
늑대와 오소리들만 다니는
골짜구니를
하늘도 바람도 모르는 억센 발자국들이 이따금 숨을 따라 스
치고 간다

거기 반드시
조국의 자유가 있어
인민의 행복이 있어

목목이 숨어 노리고 있을
원수의 잔인한 눈초리를 돌아
돌부리마다 시월은 스며
소스라치는 산길

짐승보다도
원수보다도
더 잔인한 마음을 지녀야 하기에

풀뿌리 질근질근

성낸 발자국
길 아닌 길을 더듬어 간다
많은 동무들이

수없이 수없이 싸우며 간 길
또 많은 동무들이
수없이 수없이 더듬어 오는 산길

<1948년, 시집 『새벽길』>

김 상 훈

어 머 니

포근히 등에 숨어서
찬바람을 피하던 제가
수염이 나고 이렇게 커진 것을
당신은 놀랍게 보십니까

위원회 패라고
싸움통에 잘 뛰어든다고
두려운 눈초리로 바라보시는 어머니의 얼굴에
불시에 주름살이 늘어갑니다

천 사람이 무어라고 해도
제가 걷는 길은 바릅니다
과일 밭에 돌풀매를 던지든 제일망정
젖가슴에서 받은 봄볕같이 따수한 사랑을
인민의 가슴 속에 골고로 전해주는
그런 동무들의 뒤를 따라갑니다

어머니들이 흙 속에 들어가시고
입술과 부드러운 손이 모도 없어지면
흙을 움켜쥐고 어머니를 부르지 않겠습니까

이 나라의 흙을 사랑하는 것이
어머니를 위하는 길이 아니겠습니까

<1946년, 신천지>

京 釜 線

끝없이 서로 슴치 못할
슬픈 운명으로 매련된 두 줄 레일이여

우리들의 가장 소중한
국토의 가슴 우에 금을 그어서
그대 목매인듯 무슨 아우성이
또 절망의 울음을 던지고 사라지느냐
옛날 제국주의의 모진 채쭉을 실어올 때부터

우리들의 자랑스러운 푸른하늘에
검은 연기만 끝없이 토해왔느냐

농민들의 허리가 고목처럼 말러가도
밤을 새워 침략자의 무기를 실어나른 너
열 손가락으로 깍지끼어 끌어안은
어머니의 아들을 빼았아가던 너

경부선이어

가난한 백성들의 서름과 노염을
枕木처럼 깔고 너는 달리느냐
눈이 멀도록 기다리는
우리의 새나라를 실어올 날은 언제냐

부산 항구에 낯선 무역선이 닿으면
산떼미처럼 �\쌓인 상품을
부지런히 부지런히 실어나르는
倭敵의 그날부터 한길밖엔 구를 줄 모르는
너는 어찌하야 불을 먹고 사느냐

아아 이 車室에 가득
답답한 사람들은 모도 어데로 가는가
헤여나지 못할 숨막힐 기류 속에
누가 마구 쓰러져 울고 있다

꿈 많은 나의 어린 시절을 실어나르던
나의 육체의 굵은 혈맥처럼
끊임없이 오르나리는 잔인한 車輪이여
다시 자식을 빼았긴 어머니의 눈알과
양담배 팔기에 입이 부은
이 땅 어린것들의 처량한 목소리 속에
너는 무엇을 위하야 그리 숨이 가쁘냐

<1948년, 신천지>

醉月先生

낙엽이
소낙비같이 쏟아집니다

아들과 맏손자가
공산당이 되어 달아났다고
오늘도 오대조의 무덤을 탓하십니까

異國 선박이 항구마다 고함을 치고
동족의 피가 산마다 풀뿌리를 적시는데
아직도 까마득히 정도령만 기다리는
醉月선생님 꿈이거든 깨어주옵소서

아아 꿈이거든 깨어주옵소서
내게 정성스리 千字와 明心寶鑑을 일러주신
나의 어린 시절을 조석으로 매질하야 길러주신
선생님은 오늘도 정감록을 뒤적거리며
假政 3년에 眞鄭이 나온다 하십니까

해가 굴러가도 밤이옵니까
해가 굴러와도 밤이옵니까
막걸리 한잔이면 넉넉한 悲憤이
오늘도 어둠에 쌓여

어데를 헤매옵니까

이마와 무르팍이 그대로 상하면서
냄새나는 잠꼬대를 언제까지나 외우는
아아 제발 꿈이거든 깨옵소서
선생님 새날이 다가섰습니다

<1949년, 신천지>

김 광 현

立春序曲

방 밖엔
상기껏 바람이 불어도

　建陽大慶

할아버지의 붓끝 따라
고개고개 넘어가는 먹물이
제비 꼬리처럼 고웁고

인제 봄이 오면
나라를 사랑하야 옥에 갇히운
씩씩한 손자는 나올려니

온 겨우내 울기사 하야 밤을 새워 생각튼
손자는 다시 나타날려니
봄 맞아 먹물 갈아 갈아
할아버지의 돋보기 속엔
늙지 않는 바램이 있어

풀려나오는 손자와 함께

이 봄엔
나라에 기꺼운 소리 있으려니

　　立春大吉

할아버지의 믿는 마음 다정하아
충충 흐르는 먹물이
휘날리는 깃발처럼 싱싱타

<1948년, 개벽>

박 문 서

코스모스 핀 집

꿈마냥 맑던 하늘은 어젯일
먹장구름이 꿈을 깨트리고 땅을 휘덮을 때

끓는 피와 떨리는 가슴을 억누르며
동무와 옛날 하던 會話를 나직이 하며
저녁 한길을 걷는다

코스모스 가을을 자랑하는 담 없는 집
창살이 부서지고
마당 가에 장독마저 모조리 부서진
아 이 집만에 어쩐 지진이냐
아니라면 어쩐 폭격이냐

저절로 멈춰진 나의 발 앞에
몇 방울 이슬이 땅을 적신다
어깨를 나란히 한 동무의 눈에서도
진주의 구슬이 빛난다

소리 없이 통하는 마음과 마음
사나이의 그림자란 없는 집안은

슬픈 유령의 집 저녁인 마냥

남편은 사슬을 차고
학병 갔다온 동생은 어디론지 사라지고
아 인민을 위한다면 모조리 왜 이다지도 구박이냐
가슴을 흔들어서 발을 옮겨
바람 빠진 한길을 다시 걸으며

이 땅엔 이런 집이 천만 집이냐고
나직이 이야기한다

오 고요함 앞에
어지러운 소요함

몹쓸 발굽 밑에 짓밟힌 이 집에
반드시 영광의 날이 올지어다
웃음의 날이 하로 속히 올지어다

<1948년, 시집 『소백산』>

박 산 운

버드나무

내 또 異域에 流離하며
맑고 푸른 하늘 아래 순결하고 숙성한 버드나무를
보구 싶었노라
바람에 몰리는 구름과 같이
북녘으로 흩어지며 쫓겨가던 어려운 역사의 날에도
—— 버드나무여
그대는 나의 가슴 안에서 낙엽 지며 바람에 느끼고 있었도다
아침마다 하늘 날세를 살피는 이 땅의 떨리는 눈동자들은
그대를 더듬어 올라가고
이 땅에 목숨을 받은 작은 것들이 처음으로 익힌 나무의 이
름도 그대였도다
실로 둥치를 떠나 꺾이운 채 어느 곳에나
뿌리를 두고 견뎌야 하는 버드나무 가지의 슬픔은
바로 우리들의 슬픔이 아니었던가……
어느 때쯤인가…… 가을엔 즐거운 웃음소리 죽고
시냇물소리 끊어지고
先山 조상들의 말없는 무덤자리만 남기고 어두워지는 해
이윽고 마른 땅이 터지며 금가는 소리 모진 바람소리
쓸쓸한 가마귀 울음소리 번갈아 들려오고
아아 우리들의 적막한 운명의 별이 힘없이 相滅하기 시작하

는 하늘에

야위고 메마른 채 오직 마지막 한 오리기 희망인 듯 또 기원
이듯

하늘의 높이에 소소로처 숨 살어 있던

고국을 등지고 어려운 곳을 좇와 걸어왔거니

그것은 그대의 모양이 그곳에 더 가까이 있었던 까닭이었도
나

우리들이 몸을 틀며 갈급하던 새날은 오려고

오늘 마을마을에 그리운 사람소리 일어나

즐거움을 구슬 치는 고운 시냇물소리 살어나는데

다시 맑고 푸른 하늘 아래 순결하고 숙성한 버드나무여

그대를 찾어 내가 왔노라, 그대를 보러 내가 왔노라

받어들이라 나의 적은 마음을⋯⋯

몇 해를 기루고 고른 나의 마음은 뛰고 있도다

아아 오늘부터 심어두리⋯⋯

사람사람 넘치는 물 좋은 방방곡곡에 버드나무를 심으리

그러면 바람에 느끼기 쉬운 버드나무 이 땅의 거룩한 거문고
는

처음으로 부여된 노래의 권리로써

우리들의 고난의 역사를 먼 ― 옛말 삼어

적고 적은 바람 하나하나에도 빼지 않고

귀밝게 울릴지로다 울릴지로다

<1946년, 합동시집 『전위시인집』>

한 하 운

全羅道길
小鹿島로 가는 길에

가도 가도 붉은 황톳길
숨막히는 더위뿐이더라.

낯선 친구 만나면
우리들 문둥이끼리 반갑다.

天安 삼거리를 지나도
쑤세미 같은 해는 西山에 남는데.

가도 가도 붉은 황톳길
숨막히는 더위 속으로 절름거리며
가는 길……

신을 벗으면
버드나무 밑에서 지까다비를 벗으면
발가락이 또 한 개 없다.

앞으로 남은 두 개의 발가락이 잘릴 때까지

가도 가도 千里 먼 전라도길.
<1949년, 시집 『한하운시초』>

파 랑 새

나는
나는
죽어서
파랑새 되어

푸른 하늘
푸른 들
날러 다니며

푸른 노래
푸른 울음
울어 예으리.

나는
나는
죽어서
파랑새 되리.

<1949년, 시집 『한하운시초』>

보리피리

보리피리 불며,
봄 언덕
고향 그리워
피ㄹ 닐니리.

보리피리 불며,
꽃 청산
어린 때 그리워
피ㄹ 닐니리.

보리피리 불며,
人寰의 거리
인간사 그리워
피ㄹ 닐니리.

보리피리 불며,
방랑의 幾山河
눈물의 언덕을
피ㄹ 닐니리.

<1955년, 시집 『보리피리』>

시인 약력

권 환(權煥) : 1903~1954. 경남 창원 출생. 본명은 경완(景完). 일본 아끼
가따고교를 거쳐 쿄또제대 독문과 졸업. 해방전에는 카프에서, 해방
후에는 조선문학가동맹에서 활약함. 1930년 『조선지광(朝鮮之光)』에
시 「가랴거든 가거라」를 발표함으로써 시단에 나옴. 시집으로는 『자
화상』(1943), 『윤리』(1944), 『동결(凍結)』(1946)이 있음.

김광균(金光均) : 1913~ . 개성 출생. 개성상업학교 졸업. 『자오선』『시인
부락』 동인. 1926년 중외일보에 「가는 누님」을 발표하면서 작품활동
시작. 소시민의 시점에서 도시적 풍물을 그려내는 회화적인 시를 주
로 씀. 이미지즘 계열의 모더니즘 시인. 시집으로 『와사등』(1939),
『기항지』(1947), 『황혼가(黃昏歌)』(1957) 등이 있음.

김광현(金光現) : 생몰 연대 미상. 합동시집으로 『전위시인집』(1946)이 있
음.

김기림(金起林) : 1908~미상. 함북 성진 출생. 호는 편석촌(片石村). 일본
니혼(日本)대학 문학예술과를 거쳐 도오후꾸(東北) 제국대학 영문과
졸업. 구인회 회원. 조선일보 기자 역임. 1930년대 모더니즘 시운동
의 이론가. 이미지즘 계열의 모더니즘 시론을 실제 창작에 실험함.
8·15 후 조선문학가동맹에서 활동하면서 사회의식을 짙게 드러내는
시를 썼고 6·25 때 월북함. 시집으로 『기상도』(1935), 『태양의 풍
속』(1939), 『바다와 나비』(1946), 『새노래』(1948) 등이 있음.

김기진(金基鎭) : 1903~1985. 호는 팔봉(八峰). 충북 청원 출생. 1921년 일
본에서 신극운동 단체인 '토월회'를 조직하여 귀국한 후 『백조』 동인
으로 가담하여 문학활동을 시작했다. 이후 프로문학의 이론적 제창자
로서 문예비평에 종사했으며, 신문기자 생활을 하며 시·소설·평론
등을 썼다. 시 「백수의 탄식」은 식민지 지식청년의 무력감과 슬픔을
노래한 작품. 『김팔봉문학전집』(1988)이 있음.

김동명(金東鳴) : 1901~1968. 호는 초허(超虛). 강원도 강릉 출생. 1923년
『개벽』에 시 「당신이 만약 내게 문을 열어주시면」을 발표함으로써 등
단. 일제 때는 시골에 묻혀 살면서 겨레의 슬픔과 조국에 대한 향수
를 고전적인 서정으로 노래했고, 또 전원과 자연을 예찬하는 은둔자
의 심경을 노래하기도 했다. 해방 후에는 정치에 관심을 두고 초대
참의원 역임. 시집 『나의 거문고』(1930), 『파초』(1938) 등.

김동환(金東煥) : 1901~미상. 호는 파인(巴人). 함북 경성 출생. 1924년 첫
시집 『국경의 밤』을 발간하여 향토색 짙은 민족정서의 시풍을 보여주
었다. 특히 이 시집은 신문학 이후 최초의 서사시집으로, 일제의 눈
을 피해 밀수차 두만강을 건너간 남편을 그리는 아내의 애타는 심정
을 노래함으로써 민족의 비애를 표출했다. 그는 또 북국적인 정서를
대표하는 시인인데, 6·25 때 납북되어 생사를 모른다.

김상용(金尙鎔) : 1902~1950. 경기도 연천 출생. 호는 월파(月坡). 보성고
보를 거쳐 일본 릿꾜(立敎)대학 졸업. 이화여전 교수, 강원도지사,
코리아타임스 사장 등을 역임. 시집으로 『망향』(1939)이 있음.

김상훈(金尙勳) : 1919~미상. 경남 거창에서 출생. 1944년 발군산 협동당에
상민(常民)의 인도로 가담했다가 체포되어 해방과 함께 출옥. 1945년
『민중조선』에 「맹세」 「시위행렬」을 발표하여 등단. 합동시집 『전위시
인집』(1946)과 개인시집 『대열』(1947), 『가족』(1948)이 있음. 6·25
때 월북.

김소월(金素月) : 1902~1934. 본명은 정식(廷湜). 평북 곽산 출생. 1922년
스승 김억의 주선으로 『개벽』에 「먼 후일」 「진달래꽃」 등 4편의 시가
발표된 후 천재적인 재주를 보였다. 그의 시는 전통적 민중정서에 기
본을 둔 민요풍의 작품으로 표현에 있어서는 7·5조의 정형률을 고수
하였다. 1934년 12월 사업의 실패와 세상에 대한 실의로 고민하다 자
살했는데, 시집으로는 『진달래꽃』(1925), 『소월시초』(1939) 등이 있
다.

김 억(金億) : 1893~미상. 호는 안서(岸曙). 평북 곽산 출생. 1914년 『학
지광』에 시 「이별」을 발표함으로써 등단. 신문학 초기에 『태서문예신
보』에 서유럽 시인들의 작품을 번역 소개하는 한편 7·5조의 정형률

에 의한 창작시를 발표함으로써 '민요시인'이란 평을 받았다. 번역시
집 『오뇌의 무도』(1921) 외에 시집 『해파리의 노래』(1923), 『안서시
집』(1929) 등이 있다. 6·25 때 납북됨.

김영랑(金永郎) : 1903~1950. 전남 강진 출생. 본명은 윤식(允植). 호는 영
랑(永郎). 휘문학교를 거쳐 일본 아오야마(靑山)학원에서 수학함.
1930년 『시문학』에 「동백잎에 빛나는 마음」 등을 발표하며 작품활동
을 시작함. 시문학파 동인. 일제강점기에 예술을 위한 예술로서의 순
수시를 쓴 대표적 시인. 사회의식을 지우고 개인적 정서를 세련된 언
어로 표현하는 데 주력함. 대지주 출신으로 을유해방 후에는 우익보
수진영에서 정치활동을 하였고 6·25전쟁의 와중에 작고함. 시집으로
『영랑시집』(1935)과 『영랑시선』(1949)이 있음.

김종한(金鍾漢) : 1916~1944. 함북 명천에서 출생. 1937년 조선일보 신춘문
예에 「낡은 우물이 있는 풍경」으로 등단, 1939년 『문장』에 「귀로」로
추천됨. 명암이 분명한 감각적인 시를 썼음.

노천명(盧天命) : 1912~1957. 황해도 장연 출생. 진명여고보를 거쳐 이화여
전 영문과 졸업. 조선중앙일보 기자 역임. 극예술연구회에 참가하여
연극에 출연하기도 함. 여성으로서의 감수성이 드러난 절제된 내성의
시로 개성적인 세계를 구축함. 시집으로 『산호림(珊瑚林)』(1938),
『창변(窓邊)』(1945), 『별을 쳐다보며』(1953) 등이 있음.

박두진(朴斗鎭) : 1916~ . 경기도 안성에서 출생. 1939년 『문장』에 「향현
(香峴)」 「묘지송」으로 등단한 청록파. 시집으로 합동시집 『청록집』
(1946)과 개인시집 『해』(1949), 『오도(午禱)』(1953) 등이 있음.

박목월(朴木月) : 1917~1978. 본명은 영종(泳鍾). 경북 경주에서 출생.
1939년 『문장』에 「길처럼」 「그것은 연륜이다」가 추천되어 등단한 청
록파. 시집에 합동시집 『청록집』(1946)과 개인시집으로 『산도화』
(1954), 『난·기타』(1959), 『청담(晴曇)』(1964), 『경상도의 가랑잎』
(1968) 등이 있음.

박문서(朴文緖) : 생몰 연대 미상. 시집으로 『소백산』(1948)이 있음.

박산운(朴山雲) : 1921~미상. 경남 합천 출생. 일본 중앙대 중퇴. 합동시집
으로 『전위시인집』(1946)이 있음.

박세영(朴世永) : 1902~미상. 경기도 고양 출생. 호는 백하(白河). 배재고
보를 거쳐 연희전문에서 수학. 염군사를 거쳐 카프의 맹원으로 활동.
아동잡지 『별나라』 간행에 참여함. 1927년 『문예시대』에 「농부 아들
의 탄식」 등을 발표하면서 작품활동을 시작함. 예술적 완성도보다도
사회운동에 복무하는 시를 창작함. 을유해방 뒤에는 조선프롤레타리
아예술동맹에서 활동하다 월북함. 북한에서도 활발한 문예활동을 펼
친 것으로 알려져 있음.

박용철(朴龍喆) : 1904~1938. 전남 송정리 출생. 호는 용아(龍兒). 동경 외
국어학교 독문과와 연희전문에서 수학. 『시문학』『문예월간』『문학』
등의 문예지를 발간함. 시문학파 동인. 시인이자 비평가로서 순수서
정시 운동을 전개함. 1940년 『박용철전집』이 간행됨.

박팔양(朴八陽) : 1905~미상. 호는 여수(麗水). 경기도 수원 출생. 1921년
정지용과 시동인지 『요람』에서 활동하다 「그날의 크리스마스」를 발표
함으로써 등단. 1925년 카프 맹원으로 가담하여 시 「데모」 등 경향성
이 강한 작품을 썼으며, 차츰 다다이즘에 기울어 다다이즘이 가미된
프롤레타리아 시를 발표했다. 구인회 후기 회원. 시집 『여수시초』
(1940). 월북 후 숙청당함.

배인철(裵仁哲) : 1920~1947. 인천에서 출생. 1946년 『연간 조선시집』에
「인종선(人種線)」을 발표하여 등단한 후 흑인의 운명을 노래한 시를
썼음. 1947년 서울 남산에서 암살됨.

백　석(白石) : 1912~미상. 평북 정주 출생. 본명은 기행(夔行). 오산고보
를 졸업하고 일본의 아오야마(青山)학원에서 영문학을 공부함. 조선
일보 기자와 함흥 영생여고보의 교원 등을 역임함. 일제말에는 만주
에서 거주하다 분단고착화 과정에서 북에 남음. 1935년 조선일보에
「정주성」을 발표하여 문단에 나옴. 궁벽한 방언 구사와 서사지향성이
그의 시의 표현상의 특징. 식민지인의 전형적 감성으로서의 고향상실
감에 대한 창작적 대응이라는 면에서 돋보이는 시인. 시집으로는 『사
슴』(1936)이 있음.

변영로(卞榮魯) : 1898~1961. 호는 수주(樹州). 서울 출생. 1920년 『폐허』
동인이 되어 왕성한 창작활동을 보였다. 1924년에 발간된 첫시집 『조

선의 마음』은 우리말의 아름다움과 순화에 기여한 높은 시정신과 민족적 저항정신의 소산으로 평가받았다. 두주불사의 주호(酒豪)로서 『명정(酩酊) 40년』이란 수필집도 있다.

상   민(常民) : 생몰 연대 미상. 본명은 정기섭(丁驥燮). 강원도 원주 출생. 발군산에 근거지를 둔 협동당 별동대의 일원으로 활약하다가 일제에 체포되어 해방과 함께 출옥. 시집으로 『옥문이 열리던 날』(1948)이 있음.

서정주(徐廷柱) : 1915~ . 전북 고창 출생. 호는 미당(未堂). 중앙불교전문학교에서 수학. 동국대학교 교수 역임. 1936년 동아일보 신춘문예에 「벽」이 당선되어 등단. 『시인부락』 동인. 억눌린 정신의 아픔을 노래하던 관능적인 초기시에서부터 불교적 달관의 정신주의 시에 이르기까지 다양한 시적 편력을 거친 시인. 시집으로 『화사』(1938), 『귀촉도』(1946), 『신라초』(1960), 『동천』(1968), 『질마재 신화』(1975) 등이 있음.

설정식(薛貞植) : 1912~1953. 함남 단천에서 출생. 1932년 『동광』에 「거리에서 들려주는 노래」를 발표하여 등단함. 해방 후 조선문학가동맹에 가담했다가 6·25때 월북하여 1953년 남로당 숙청 때 처형됨. 시집으로 『종』(1947), 『포도』(1948), 『제신(諸神)의 분노』(1948)가 있음.

신석정(辛夕汀) : 1907~1974. 전북 부안 출생. 본명은 석정(錫正). 1924년 조선일보에 습작시 「기우는 해」를 발표하면서 그의 시가 활자화되기 시작함. 『시문학』 동인. 사회적 관심을 드러내는 시도 있으나 주로 전원 지향의 목가적 서정시를 씀. 시집으로 『촛불』(1939), 『슬픈 목가(牧歌)』(1947), 『빙하』(1956), 『산의 서곡』(1967), 『대바람 소리』(1970) 등이 있음.

신석초(申石艸) : 1909~1975. 충남 서천 출생. 본명은 응식(應植). 경성제일고보를 거쳐 일본 호오세이(法政)대학 철학과 수학. 신유인(申維仁)이라는 필명으로 카프 진영의 비평가로 활동하다 전향함. 1935년 자신이 편집에 관여했던 잡지 『신조선』에 「비취단장(翡翠斷章)」을 발표하면서 시작활동을 시작함. 고전적 혹은 전통적인 소재를 주로 다룸. 시집으로 『석초시집』(1946), 『바라춤』(1959), 『폭풍의 노래』

(1974), 『수유동운(水踰洞韻)』(1974) 등이 있음.

심 훈(沈熏) : 1901~1936. 본명은 대섭(大燮). 서울 출생. 소설가로서도 유명하다. 1919년 3·1운동에 참가하여 투옥된 후 상해로 망명. 1923년에 귀국하여 동아일보·중앙일보 등의 기자로 있으면서 소설 창작에 전념, 『영원의 미소』(1933), 『상록수』(1935) 등을 발표했다. 브나 롯운동에 의해 고양된 민족의식을 그려낸 그의 소설은 큰 인기를 얻었다. 시집 『그날이 오면』은 일제에 항거하는 저항시집이다.

안용만(安龍灣) : 1916~미상. 평북 신의주에서 출생. 1935년 조선일보와 조선중앙일보 신춘문예에 「저녁의 지구(地區)」와 「강동(江東)의 품」이 각각 당선되어 등단함. 일본 유이민 체험을 격정적으로 노래하였으며 해방 후 조선프롤레타리아문학동맹에 가담했다가 1948년에 월북.

여상현(呂尙玄) : 1915~미상. 전남 화순 출생. 연희전문에서 수학. 『시인부락』 동인. 조선문학가동맹에 가담하여 활동함. 시집으로 『칠면조』(1947)가 있음.

오상순(吳相淳) : 1894~1963. 서울 출생. 호는 공초(空超). 1920년 『폐허』 동인으로 참가하여 「시대고(時代苦)와 그 희생」이란 글을 발표한 이후 시 「아시아의 마지막 밤 풍경」(1922)을 써서 문명을 올렸다. 그의 시에는 동양적인 허무정신이 짙게 깔려 있는데, 평생을 독신으로 지내며 승·속을 초월한 유랑생활을 거듭하였다.

오일도(吳一島) : 1902~1946. 경북 영양 출생. 본명은 희병(熙秉). 일본 릿꾜(立敎)대학 철학부 수학. 1925년 습작시 「한가람 백사장에서」를 『조선문단』에 발표함. 시전문지 『시원(詩苑)』을 주재함. 비애의 정서를 위주로 한 감상적 낭만주의 경향을 보임. 유작 시문집으로 『저녁놀』(1976)이 있음.

오장환(吳章煥) : 1918~미상. 충북 보은 출생. 휘문고보 중퇴. 1933년 『조선문학』에 「목욕간」을 발표함으로써 작품활동 시작. 『시인부락』『자오선』 동인. 조숙한 시인으로 다채로운 시적 편력을 통해 풍요로운 시세계를 펼쳐보임. 일제 말기에도 꾸준히 시를 썼으며 을유해방 직후의 격동기에는 현실문제에 민감히 대응하는 시를 썼음. 조선문학가동맹에서 활동하다 월북함. 시집으로는 『성벽』(1937), 『헌사』(1939),

『나 사는 곳』(1947), 『병든 서울』(1946)이 있음.

유진오(兪鎭五) : 1922~1950. 전북 완주에서 출생. 1945년 『민중조선』에 「피리소리」를 발표하여 등단. 1949년 지리산 문화공작대로 입산했다가 체포되어 6·25 때 처형됨. 합동시집 『전위시인집』(1946)과 개인시집 『창(窓)』(1948)이 있음.

유치환(柳致環) : 1908~1967. 경남 충무 출생. 호는 청마(靑馬). 연희전문 문과 수학. 1946년 이래 우익문인단체인 청년문학가협회 회장 역임. 6·25 때는 문총구국대를 조직하여 종군. 이후 중등학교 교장 역임. 1931년 『문예월간』에 「정적」을 발표함으로써 작품활동 시작. 세련된 언어를 피하고 호방한 시풍으로 일가를 이룸. 시집으로 『청마시초』(1939), 『생명의 서(書)』(1947), 『울릉도』(1948), 『청령일기(蜻蛉日記)』(1949), 『뜨거운 노래는 땅에 묻는다』(1960) 등이 있음.

윤곤강(尹崑崗) : 1911~1950. 충남 서산 출생. 본명은 명원(明遠). 일본전수(專修)대학 수료. 카프 회원. 1931년 『비판』에 「옛 성터에서」를 발표함으로써 시작활동을 시작. 초기에 사회현실 문제에 대한 직설적인 시를 썼고 8·15 후에는 전통에 대한 탐구로 나아감. 시집으로 『대지』(1937), 『만가(輓歌)』(1938), 『동물시집』(1939), 『빙화(氷華)』(1940), 『피리』(1948), 『살어리』(1948) 등이 있음.

윤동주(尹東柱) : 1917~1945. 북간도 명동에서 출생. 일본 유학중 후꾸오까 감옥에서 옥사한 순결한 서정시인. 유고시집으로 『하늘과 바람과 별과 시』(1948)가 있음.

이병기(李秉岐) : 1891~1968. 호는 가람(嘉藍). 전북 익산 출생. 시조시인. 1925년 『조선문단』에 「한강을 지나며」를 발표함으로써 등단. 이후 시조 창작과 연구에 전념하여 「시조란 무엇인가」 등의 평론과 『가람시조집』(1939)을 발표했으며, 우리 고전문학 연구에도 심혈을 기울여 큰 업적을 남겼다. 서울대 교수, 전북대 문리대학장 역임. 저서에 『가람문선』(1966), 『역대시조선』(1940) 등.

이병철(李秉哲) : 1918~미상. 경북 영양에서 출생. 1943년 『조광』에 「낙향소식」을 발표하여 등단. 해방 후 조선문학가동맹에 가담했다가 6·25 때 월북. 합동시집으로 『전위시인집』(1946)이 있음.

이 상(李箱) : 1910~1937. 본명 김해경(金海卿). 서울 출생. 경성고등공업
학교 건축과 졸업. 1931년 조선총독부 내무국 건축과 기수(技手)로
근무하던 당시 『조선과 건축』에 「이상한 가역반응」 등의 시를 발표함
으로써 작품활동을 시작함. 다다이즘 혹은 초현실주의 계열의 모더니
즘 시인. 자의식을 드러내는 지적인 시를 주로 씀. 「날개」「종생기」
등을 쓴 소설가이기도 함. 폐결핵 환자로서 건강을 돌보지 않는 생활
을 하다 요절함.

이상화(李相和) : 1901~1943. 호는 상화(尙火). 대구 출생. 1921년 『백조』
동인으로 가담하여 시 「말세의 희탄」「단조」「나의 침실로」 등을 발
표했다. 강렬한 민족의식을 저변에 깔면서도 나라를 잃은 식민지 지
식인의 슬픔을 탐미적인 수법으로 노래한 그의 시는 신문학 초기의
시단에 신선한 충격을 주었다. 백기만 편 『상화와 고월』(1951)에 16
편의 유작이 실려 있다.

이용악(李庸岳) : 1914~1971. 함북 경성 출생. 일본 죠오지(上智)대학 신문
학과에 유학. 1935년 『신인문학』에 「패배자의 소원」을 발표하여 문단
에 나옴. 『인문평론』 편집기자. 유이민 문제 등 일제하의 민족현실을
탁월하게 형상화한 대표적 리얼리즘 시인. 순우리말을 잘 살려 생동
하는 운율을 창조함. 을유해방 직후 조선문학가동맹에 가담하여 활동
하였고 6·25전쟁중에 월북함. 시집으로 『분수령』(1937), 『낡은 집』
(1938), 『오랑캐꽃』(1947), 『이용악집』(1949)이 있음.

이육사(李陸史) : 1904~1944. 경북 안동 출생. 본명은 원록(源祿). 선비 집
안 출신으로 소년기에는 한학(漢學)을 하였고 삼십대에 뻬이징(北京)
대학 사회학과에서 수학함. 투쟁론의 입장에 선 독립운동가로서 일제
강점기의 대표적 저항시인. 1933년 『신조선』에 「황혼」을 발표하며 등
단하였으나 과작이었고 문단활동도 별로 하지 않음. 시대의 질곡에
대결하는 강인한 정신을 정제된 시형식으로 표현함. 유고시집으로
『육사시집』(1946)이 있음.

이장희(李章熙) : 1900~1929. 호는 고월(古月). 대구 출생. 1924년 『금성』
3호에 「실바람 지나간 뒤」 외 4편의 시를 발표함으로써 등단했다. 5
살 때 어머니를 여의고 계모 슬하에 자란 슬픔과 친일하는 아버지 때

문에 겪게 된 고통으로 일찍부터 염세적인 사상을 지녔으며, 시에도
예리한 병적인 감각이 잘 나타나 있다. 자살함. 백기만 편 『상화와
고월』(1951)에 유작 11편 수록.

이　찬(李燦) : 1910~미상. 함남 북청 출생. 호는 무종(務鍾). 일본의 릿꾜
(立敎)대학을 거쳐 와세다(早稻田)대학 문과에서 수학. 1928년 『신시
단』에 「봄은 간다」 등을 발표하여 작품활동을 시작함. 카프의 맹원으
로 목적의식에 입각한 시를 쓰다가 수감생활을 거친 후 비관적 낭만
주의 경향의 시를 씀. 8·15 후 평양에서 문필활동을 함. 시집으로
『대망(待望)』(1937), 『분향』(1938), 『망양(茫洋)』(1940) 등이 있음.

이한직(李漢稷) : 1921~1976. 전북 전주에서 출생. 1939년 『문장』에 「風葬」
「북극권」이 추천되어 등단함. 따뜻한 주지적인 시를 썼음.

임학수(林學洙) : 1911~미상. 전남 순천 출생. 경성제대 영문과 졸업. 해방
후 고려대 교수 역임. 조선문학가동맹에 관여하다 월북. 시집으로
『석류』(1937), 『팔도풍물시집』(1938), 『후조(候鳥)』(1939), 『전선시
집』(1939), 『필부의 노래』(1948) 등이 있음.

임　화(林和) : 1908~1953. 서울 출생. 본명은 인식(仁植). 보성중학 중퇴.
1926년 습작품에 해당되는 글들을 성아(星兒)라는 필명으로 신문지상
에 발표함. 1929년에 「네거리의 순이」 「우리 오빠와 화로」 등의 단편
서사시를 발표하면서 대표적 카프 시인으로 성가를 얻음. 1930년대
중반 사회정세가 악화되면서 낭만적 경향의 시를 씀. 치열한 사회의
식을 드러낸 대표적 시인이자 대표적 마르크스주의 문학비평가. 1930
년 전후의 카프와 8·15 직후의 조선문학가동맹을 주도한 문예운동
가. 월북 후 남로당계의 몰락과 함께 미제국주의의 간첩이라는 죄명
으로 사형당함. 시집으로는 『현해탄』(1938)과 『찬가』(1947)가 있음.

장만영(張萬榮) : 1914~1975. 황해도 연백 출생. 동경 미자끼(三岐) 영어학
교 졸업. 광복 후 『신천지』를 주재했고 출판사를 경영하기도 함. 전
원적 세계를 현대적 감성으로 그려낸 이미지즘 계열의 시인. 시집으
로 『양』(1937), 『축제』(1939), 『유년송(幼年頌)』(1947) 등이 있음.

정지용(鄭芝溶) : 1902~미상. 충북 옥천 출생. 일본 도오시샤(同志社)대학
영문과 졸업. 모교인 휘문고보에서 영어교사로 재직하였고 을유해방

뒤에는 이화여전 문과 교수, 경향신문 주간 역임. 1926년 『학조(學潮)』에 「카페 프랑스」 등을 발표하여 작품활동을 시작함. 감각적 이미지를 중시하는 모더니즘 계열의 시를 쓰다 후기에는 고전적 서정시를 씀. 『시문학』 동인. 『문장』지 심사위원으로서 박두진, 박목월, 조지훈, 이한직, 박남수, 김종한 등의 신인을 추천함. 일제강점기에는 순수시의 대표적 시인이었지만 을유해방 후에는 조선문학가동맹에 관여하는 등 정치의식을 드러냄. 6·25전쟁의 와중에 작고한 것으로 추정되나 확실한 경위는 알려져 있지 않음. 시집으로 『정지용시집』(1935)과 『백록담』(1941)이 있음.

조벽암(趙碧岩) : 1908~1985. 충북 진천 출생. 본명은 중흡(重洽). 경성제대 법학과 졸업. 1931년 조선일보에 소설 「건식(建植)의 길」과 시 「구고(舊稿)를 사르며」를 발표하며 등단함. 조선문학가동맹에서 활동하다 월북함. 시집으로 『향수』(1938), 『지열(地熱)』(1948) 등이 있음.

조 운(曺雲) : 1900~미상. 시조시인. 전남 영광 출생. 1924년에 「웃는 채로 산에 가면」 「입추」 등을 『조선문단』에 발표하면서 등단. 카프의 프로문학에 대항한 국민문학파에 동조하여 생활감각이 빼어난 시조를 씀. 해방 후 문학가동맹에 가담, 1949년 『민성』 1월호에 「갓옷 말아 안고」를 발표한 후 월북. 『조운시조집』(1947)이 있음.

조지훈(趙芝薰) : 1920~1968. 본명은 동탁(東卓). 경북 영양에서 출생. 1939년 『문장』에 「고풍의상」으로 등단한 청록파. 합동시집으로 『청록집』(1946)과 개인시집에 『풀잎 단장』(1952), 『조지훈시선』(1956), 『역사 앞에서』(1959) 등이 있음.

주요한(朱耀翰) : 1900~1979. 호는 송아(頌兒). 평양 출생. 김동인과 함께 한국 최초의 문예동인지 『창조』 발간. 3·1운동이 일어나자 중국 상해로 망명하여 임시정부 기관지 독립신문 편집을 맡기도 했다. 1919년 『창조』에 발표된 시 「불놀이」는 우리나라 최초의 자유시로 평가되고 있다. 시집 『아름다운 새벽』(1924) 등.

최석두(崔石斗) : 1917~1951. 전남 함평 출생. 경성사범 단기강습과 졸업. 서대문 형무소에 구금중 6·25를 맞아 월북. 1951년 폭격으로 사망.

시집으로 『새벽길』(1948)이 있음.

한용운(韓龍雲) : 1879~1944. 호는 만해(萬海). 충남 홍성 출생. 어렸을 때 한학을 배우고 동학과 의병활동에 가담한 후 불문에 들어가 중이 되었다. 1919년 3·1운동 때는 민족대표 33인의 하나로 독립선언서에 서명했으며, 옥고를 치르면서 항일독립운동의 투사로 활약했다. 시집 『님의 침묵』(1926)은 그의 조국애와 불굴의 독립정신이 불교적 명상의 상징적 수법으로 노래된 작품집이다.

한하운(韓何雲) : 1920~1957. 함남 함주에서 출생. 1949년 『신천지』에 이병철의 추천으로 등단한 나병 시인. 시집에 『한하운시초』(1949)와 『보리피리』(1955)가 있음.

함형수(咸亨洙) : 1916~1946. 함북 경성 출생. 경성고보를 거쳐 중앙불교전문학교에서 수학. 1936년 『시인부락』 동인으로 활동하면서 작품활동을 시작함. 만주에서 소학교 훈도로 생계를 꾸렸고 해방 후 북에서 정신병을 앓다 작고함.

허　민(許民) : 1914~1943. 경남 사천에서 출생. 해인불교전수강원(海印佛敎專修講院) 수료. 1936년 매일신보 신춘문예에 단편 「구룡산」이 당선되어 등단함. 30년대말부터 시를 발표하기 시작했으나 암흑기에 요절함으로써 망각되었다가 1975년 『문학사상』에 의해 발굴·재조명됨.

홍사용(洪思容) : 1900~1947. 호는 노작(露雀). 경기도 용인 출생. 1922년 『백조』 창간호에 권두시 「백조는 흐르는데 별 하나 나 하나」를 발표한 이래 향토적인 소재를 감상적인 가락에 실어서 노래했다. 일제의 압박으로 소외된 민중의 슬픔을 노래한 대표작 「나는 왕이로소이다」는 『백조』 3호에 발표됐으며, 신문학 운동에 헌신하다가 가난 속에서 세상을 떠났다.

민족문학선집 1

한국현대대표시선 1

초판 1쇄 발행/1990년 9월 30일
증보판 1쇄 발행/1993년 1월 30일
증보판 17쇄 발행/2017년 4월 3일

엮은이/민영 · 최원식 · 최두석
펴낸이/강일우
펴낸곳/(주)창비
등록/1986년 8월 5일 제85호
주소/10881 경기도 파주시 회동길 184
전화/031-955-3333
팩시밀리/영업 031-955-3399 · 편집 031-955-3400
홈페이지/www.changbi.com
전자우편/lit@changbi.com

ISBN 978-89-364-6101-0 03810
ISBN 978-89-364-6199-7 (전3권)